LA TEOLOSIS©

Y

LA MISION DE LA IGLESIA

Enfoques prácticos sobre nuestro crecimiento integral como parte del cuerpo de Cristo, y su aplicación en el cumplimiento de La Gran Comisión.

Elvin Heredia, PhD.

CONTENIDO

PREFACIO

Cuando publicamos el libro *TEOLOSIS: Formación y Crecimiento en Dios*, (ISBN 978-0-9842817-0-1), hubo un hermano, a quien aprecio profundamente, quien se me acercó para darme su impresión del libro. Él me indicó que esperaba que el libro fuera una exposición teórica, a manera de ensayo, de lo que significaba TEOLOSIS.

Recuerdo que le contesté que el libro no pretendía explicar lo que era la teolosis para cada creyente. Simplemente, nuestros libros pretenden hacernos reflexionar sobre esa experiencia. En ese sentido, concluimos en nuestra conversación que la teolosis no podemos explicarla como un concepto concreto. Es más bien una experiencia, por lo que la teolosis no podemos explicarla, sino testificarla. Podemos teorizarla, pero es mejor vivirla.

¿De dónde sale la palabra "teolosis"? La palabra *teolosis* está compuesta por dos vocablos griegos conjugados. Surge del prefijo *teo*, que significa *Dios*, y del sufijo *osis*, mayormente utilizado para indicar *formación* o *crecimiento* de alguna condición, en términos médicos y científicos.

Por tanto, *teolosis* pudiéramos definirla como la formación, crecimiento y desarrollo de nuestra relación y conocimiento de Dios.

En términos prácticos, la teolosis es una experiencia en la que vamos formándonos y creciendo como parte de nuestra vida cristiana y nuestra relación con Dios.

Ahora bien, la teolosis no es una tesis en el vacío. La teolosis se contempla desde 2 aspectos importantes de la vida: la experiencia y el propósito. Nuestro pasado aportó a nuestra vida un cúmulo de vivencias, las cuales atesoramos como experiencias que la vida misma nos regala. Son nuestros tesoros personales.

Por otro lado, todas esas experiencias nos han preparado y capacitado de alguna manera para los propósitos insondables en la mente de Dios para cada uno de nosotros. Por tanto, la experiencia del pasado nos ha otorgado riquezas y recursos, los cuales utilizamos en nuestro presente, y los convertimos en activos para alcanzar el propósito de Dios en el futuro.

A cada minuto acumulamos experiencias, las cuales, desde nuestro presente, nos permiten avanzar hacia el propósito. Esta no es únicamente una realidad en la totalidad de la vida del ser humano. De eso también, precisamente, consiste nuestra teolosis. Dios nos ha permitido vivir y conocer experiencias, dentro o fuera de la vida cristiana, de las cuales Dios mismo se servirá para el cumplimiento de sus planes y propósitos en nosotros.

Todo lo que hemos vivido y aprendido nos ha traído hasta el aquí y el ahora, con la intención de proyectarnos hacia todo lo que Dios tiene pensado para nosotros en adelante.

Puesto que la teolosis es una experiencia, la misma no será igual para cada creyente. Ésta dependerá de nuestra disposición a movernos en la carrera, y del propósito que Dios tiene para cada uno de nosotros.

Por tanto, cada teolosis en cada cristiano será diferente una de la otra, pues cada uno de nosotros somos diferentes, y el propósito de Dios para cada uno de nosotros es igualmente diferente. No obstante, cada experiencia tendrá el propósito absoluto de edificar la totalidad del cuerpo de Cristo, pues, de todas formas, todos estamos igualmente injertados en el cuerpo.

La intención de esta obra es dar una explicación a algunas interrogantes particulares que inevitablemente surgen ante situaciones específicas de la vida. Queremos renovar el pensamiento, descubrir verdades, penetrar misterios, encontrar respuestas. Todo esto, a medida avanzamos en nuestra experiencia de fe.

En nuestro caminar con Dios.

En nuestra vivencia como cristianos.

En nuestra *teolosis.*

INTRODUCCION

La Gran Comisión. Esta es una expresión que reconocemos en el ámbito de la iglesia como nuestra gran responsabilidad ante Dios y ante el mundo de predicar el evangelio a todo el mundo. (Marcos 16:15). Yo no dudo que, a través de los tiempos, los fieles creyentes del evangelio de Jesucristo hayamos realizado nuestro mejor esfuerzo por cumplir con esta encomienda. Hoy día podemos apreciar los frutos de todo ese trabajo y sacrificio.

Sin embargo, una de las realidades históricas que podemos identificar en este sentido es que, en muchas instancias, la iglesia ha ido corriendo rezagada ante los cambios sociales que impactan nuestra cultura. Somos nosotros quienes, en gran medida, terminamos ajustándonos a la evolución de los tiempos, cuando la iglesia ha debido ser quien dicte la pauta de esa evolución. La iglesia ha debido ser la cabeza, no la cola. (Deuteronomio 28:13).

¿Será, acaso, que carecemos de salud integral para mantenernos a la vanguardia de un mundo constantemente cambiante? ¿Cómo podremos mantener un ritmo de carrera tan violento, si nuestra condición no es la más óptima?

De alguna manera, en eso consiste el esfuerzo y la inspiración para la realización de este libro.

11

Nuestra Gran Comisión implica que debemos procurar estar saludables integralmente, para que podamos impactar al mundo totalmente. Si queremos ayudar a otros, debemos ayudarnos nosotros primero. Si queremos bendecir, debemos procurar antes la bendición de Dios en nuestra vida. Nadie puede dar lo que no tiene, y si la iglesia de Dios no es primero iglesia, difícilmente podrá ser iglesia en el mundo.

Por tanto, necesitamos una mejor comprensión de La Gran Comisión, nuestra encomienda divina como Iglesia de Cristo, optimizando de igual forma nuestro crecimiento y nuestro carácter cristiano, porque a fin de cuentas, necesitamos crecer para ayudar a crecer.

La misión, a fin de cuentas, no es nuestra. Es la misión de Dios. La "Mission Dei". En ese sentido, si la misión que realizaremos es de Dios, debemos realizarla como Dios quiere, y debemos estar en las condiciones que Dios quiere para que la realización de la misión sea efectiva. Es en este punto donde la teolosis cobra un sentido fundamental. En la medida en la que nuestra formación y crecimiento en Dios sea óptima, así también será la manera en la que realizaremos la misión.

De alguna manera, entonces, Dios define la misión de la iglesia, y la teolosis define la iglesia de la misión.

Le ofrezco humildemente algo de lo que yo he aprendido, para poderlo ayudar a usted a que finalmente pueda ayudar a otros. Creo que así es como esta dinámica funciona.

Gracias por permitirme hacer mi parte. Ahora le toca a usted...

DEDICATORIA

Gloria al Padre, al Hijo y al Espíritu Santo, autores intelectuales de esta obra, por su inspiración. ¡Gracias, DIOS!

A mi esposa Carmencita, por sus palabras, consejos y apoyo. Gracias por enseñarme que esta hermosa realidad es posible vivirla con los pies en la tierra.

A la primerísima Iglesia del Nazareno de Gurabo. La iglesia que me vio crecer como pastor. Gracias por su apoyo incondicional a mi gestión ministerial, y por impulsarme y respaldarme en este esfuerzo literario. ¡Gracias por inspirar y alentar mis sueños!

A mis amados lectores, hermanos y amigos. Ustedes son el motivo y la responsabilidad impuesta por Dios, quien, en realidad, ha sido el que ha pensado en ustedes.

LA TEOLOSIS Y LA MISION DE LA IGLESIA

COCINEROS DE LA PASCUA

Lecturas: Lucas 22:7-13

Nos encontramos ante una de las escenas bíblicas de mayor significado para el pueblo cristiano. Jesús se acerca a su compromiso con la historia de la salvación del mundo, y justo horas antes de su arresto, se dispone a tener una cena con sus discípulos.

Es significativo reconocer lo que nos presenta Lucas 22:7, cuando señala que había llegado el día de los panes sin levadura. Este día era representativo de la llegada de la Pascua, fiesta judía en la que se conmemoraba la liberación del pueblo hebreo de Egipto.

Se destaca particularmente el momento en el que el pueblo tenía que sacrificar un cordero y colocar la sangre de éste en los dinteles de las puertas de sus casas para evitar la muerte de los hijos primogénitos. Esta última plaga enviada por Dios al pueblo egipcio fue la que finalmente propició el fin de la esclavitud de los hebreos.

La Pascua para el pueblo judío era una fiesta que se celebraba con mucho entusiasmo. Representaba su libertad. ¡Era su 4 de julio! Era su fiesta de independencia. Y dadas las circunstancias históricas que rodeaban este momento, esta escena que nos presenta Lucas 22 cobraba un significado extraordinario.

Recordemos que en este momento específico de la historia, Jerusalén y todo el territorio palestino estaba ocupado por las fuerzas del Imperio Romano. Por tanto, nada hubiera sido más propio y más deseado por el pueblo judío que tener otra ocasión similar para celebrar la Pascua.

Lo pensaron, lo desearon, pero se equivocaron. Cinco días antes de que Jesús tuviera una última cena con sus discípulos, Jerusalén le recibió como el Mesías. ¡Por fin había llegado el Salvador del pueblo! Una vez más serían liberados del yugo. Sin embargo, el pueblo equivocó la señal. Equivocó el mensaje. Se equivocaron con el mensajero. Equivocaron el propósito.

Así como la señal del cordero pascual en Egipto ocurrió sólo una vez, así era necesario que el Cordero de Dios muriera una sola vez. Era necesario un solo y único sacrificio. De otra manera, cada vez que el pueblo necesitara ser rescatado o liberado, desearían un nuevo líder, un nuevo Mesías y un nuevo sacrificio. El pacto de Dios fue único, absoluto, total e irrepetible.

Esto me hace pensar que el gran problema del pueblo ante Jesús fue un problema de actitud. La Palabra de Dios nos indica en Juan 1:11 que Él vino a hacer lo suyo. Lo que tenía que hacer. Morir para que su sangre fuera la sangre en los dinteles de las puertas del corazón.

Pero que los suyos, el pueblo judío, no le recibió.

Dios había hecho un pacto de sangre con el pueblo hebreo en Egipto. Ahora hacía un nuevo pacto con Su pueblo por medio de la sangre de Jesús, como nos indica Lucas 22:20. Entonces, si el problema del pueblo fue un problema de actitud, ¿querrá Jesús enseñarnos algo hoy por medio de la Santa Cena en relación a nuestra actitud?

Por otro lado, cabe mencionar lo que Pablo nos enseña en 1 Corintios 11:26. Ahí la Palabra de Dios nos dice que cuando participamos de la Cena del Señor estamos siendo parte del anuncio del evangelio. Entonces, ¿querrá decir esto que la Cena del Señor, además de enseñarnos algo en relación a nuestra actitud, tiene algo que enseñarnos acerca de nuestra misión evangelística?

Estoy convencido de que la contestación a ambas preguntas son totalmente afirmativas. Pienso que el evento de la Cena del Señor con sus discípulos encierra grandes y profundas enseñanzas para nosotros, y que estas enseñanzas tienen que ver directamente con nuestra actitud ante el evento y con nuestra misión como iglesia.

Veamos cuáles pueden ser algunas de esas enseñanzas.

1. Disponer el aposento.

Permítame hacer referencia a un dato importante de la historia. Durante la Pascua, en Jerusalén el hospedaje era gratuito. Incluso, las familias de mayor poder económico destinaban una habitación de la casa para posada de algún peregrino. Otros preparaban segundas plantas en sus casas para dar acomodo temporero a viajeros. De ahí que algunos aposentos fueran altos.

También cedían estos espacios gratuitamente para que los rabinos y sus discípulos tuvieran un lugar de reunión. Cuentan algunos historiadores que usualmente estos rabinos, junto a sus discípulos, pernoctaban en ese lugar, colocaban un paño rojo en la puerta y luego marchaban hacia el templo, como una representación de la salida de Egipto, del peregrinaje por el desierto y de la llegada a la tierra prometida.

Yo pienso que si hay una enseñanza importante que se desprende de este pasaje es que necesitamos hacer provisión en nuestra casa para recibir la Pascua. Hoy el Maestro nos dice como le envió a decir al padre de familia en Lucas 22:11:

- ¿Dónde está el aposento donde he de comer la pascua?
- ¿Dónde está el corazón que hoy necesita de mí?

- ¿Dónde está, y con qué has llenado el espacio que me corresponde en tu vida?
- ¿Hasta cuándo estarás evitando este encuentro?
- Hoy haré morada en tu casa, en tu corazón, en tu vida. ¿Abrirás la puerta?

Mucha gente evita este inevitable encuentro con Dios alegando que no están preparados. Sin embargo, quien alega esto solo busca una excusa o un pretexto para no disponer su aposento. Quien alega que no está listo para recibir al Señor es precisamente quien realmente lo necesita.

Decir que no están listos para aceptar a Jesús es querer decirle a Jesús que no tienen un aposento disponible. Pero ese lugar existe. Está en nosotros. En nuestro hogar. En nuestra familia. En nuestra comunidad. En nuestro país. La triste realidad de quien no dispone su aposento para Jesús es que ese aposento permanece vacío. Sin la Cena del Señor y sin el Señor de la cena.

Es por eso que Jesús no envía a Pedro y a Juan a preguntar si hay aposento o no. Jesús envía a preguntar dónde está. Ese aposento ya está disponible. Lo que es necesario es que ese aposento, que ya existe y está disponible, esté igualmente dispuesto para recibirle.

Hay un espacio en la vida de todo ser humano que necesita ser separado para Dios. Ese espacio era el aposento. Ese espacio hoy eres TÚ. Es tu corazón, tu casa y tu vida.

2. Ir a la ciudad.

Consciente de esta costumbre del pueblo, Jesús envía a Pedro y a Juan a conseguir un lugar para cenar la pascua.

Aquí tenemos una enseñanza para nuestra vida. Dios está consciente de que, aun cuando su pueblo no había demostrado interés en recibirle, siempre es posible encontrar un espacio donde Él pueda acomodarse. En el mundo puede abundar el pecado, pero siempre hay espacio para que sobreabunde la gracia.

El llamado a Pedro y a Juan para conseguir un lugar para la cena es el mismo llamado que hemos recibido nosotros para conseguir en medio de este mundo un corazón que esté dispuesto a recibir al Maestro. Note bien que Lucas 22:12 nos indica que este aposento ya estaba dispuesto. Estaba separado, listo y habilitado para recibir a Jesús. Y si esto lo atamos a la realidad de que todos los seres humanos necesitamos a Dios, entonces el lugar de la cena está en cualquiera de nosotros y en todos nosotros.

Si Dios nos ha enviado a predicar Su evangelio, es porque Él sabe, (y nosotros debemos saber igualmente), que siempre habrá quien reciba esta palabra. Y no solamente que hay corazones dispuestos, sino que todos los corazones necesitan esta palabra.

Hay necesidad, aunque ellos mismos no se den cuenta de que realmente necesitan de Dios. Aunque ellos en su ignorancia no lo comprendan, necesitan disponer el aposento para su encuentro con el Maestro. Todos necesitamos recibir nuestra Pascua. Todos necesitamos nuestra liberación de Egipto. Todos necesitamos nuestra independencia del pecado.

La tarea asignada a Pedro y a Juan no era buscar un aposento. El aposento ya estaba dispuesto. La tarea de Pedro y Juan era encontrarlo. Por eso Jesús les dice "Id". Hoy nosotros somos llamados igualmente a ir. No vamos a buscar las almas para llevarles el evangelio. Vamos a encontrarlas. Toda alma que no tiene a Cristo es un aposento vacío. Dios es una necesidad inherente en todo ser humano, pues todo ser humano necesita estar relacionado con su Creador. Es, precisamente, esa necesidad de Dios lo que convierte a cada alma en un aposento que necesita estar dispuesto para recibir al Maestro. Jesús sabe que ellos, el mundo, lo necesitan. Ellos necesitan ser ese aposento dispuesto. Por eso hoy los enviados a ir y buscar ese aposento somos nosotros.

Desde luego, en nosotros puede surgir la duda de cómo encontraremos ese lugar. Pedro y Juan tuvieron esa duda. Lucas 22:9 nos presenta esa pregunta: *"Ellos le dijeron: ¿Dónde quieres que la preparemos?"*. Esta la misma pregunta es la que pudiéramos tener nosotros cuando recibimos esta encomienda: *"Señor, ¿qué quieres que yo haga por ti? ¿Cuál es mi ministerio? ¿Cómo puedo servirte?"*.

En ese sentido, Jesús no los deja en confusión. Cuando los envía les da una señal que no permitiría que se equivocaran. Lucas 22:10 indica que cuando fueran a la ciudad, les saldría a su encuentro un hombre que llevaba un cántaro de agua. Esta señal no parece tener nada particular. ¿Por qué, entonces, digo que Jesús les estaba dando una señal que no permitiría que se equivocaran?

Permítame hacer referencia a otro dato histórico. Usualmente el trabajo de cargar el agua en cántaros era una tarea de las mujeres. Por tanto, pienso que los discípulos seguramente encontrarían en su camino a muchas mujeres llevando sus cántaros de agua.

¡Pero encontrar a un hombre haciendo este trabajo sería algo demasiado raro! Eso era algo que no se veía todos los días. Los hombres del pueblo procuraban no realizar tareas de mujeres. Eso no era digno. (No me malentienda. No soy machista. Así eran las cosas entonces).

La pregunta es, ¿qué hace un hombre haciendo lo que no le corresponde? ¿Por qué era necesario que Pedro y Juan pudieran identificar a este hombre? La respuesta a esta pregunta nos lleva a identificar el propósito por el cual somos enviados a ir a la ciudad e identifica a quienes necesitamos encontrar para llevarle el evangelio.

-   Necesitamos encontrar a aquellos que están haciendo lo que no deben.
-   Necesitamos encontrar a aquellos que por causa de su pecado están alterando y tergiversando el propósito de sus vidas.
-   Necesitamos encontrar a aquellos que están llevando una carga que no les corresponde.
-   Necesitamos encontrar a aquellos que el pecado los somete a una vida de deshonra.

Jesús estaba seguro de que Pedro y Juan encontrarían a este hombre. Jesús también está seguro de que, si nosotros vamos a la ciudad, al mundo, al vecino, a la familia, al compañero de trabajo, también lo encontraremos.

3. Preparar la pascua.

Finalmente, y luego de ir y encontrar el lugar dispuesto para la cena, Lucas 22:13 dice que los discípulos prepararon la pascua. Jesús fue más específico cuando les dijo a Pedro y a Juan en Lucas 22:8 que prepararan la pascua *"para que la comamos"*.

Esta instrucción parece demasiado simple. Es más, uno se pudiera preguntar, ¿para qué, si no? ¿Para qué prepararla si nadie la va a comer? Pero, si hemos entendido que la escena de la Última Cena tiene enseñanzas para nuestra actitud y nuestra misión evangelística, debemos analizar esa instrucción desde otra perspectiva.

Para que Jesús y los demás discípulos pudieran tener la cena, era necesario que Pedro y Juan la prepararan. Tal vez tenían el cordero, los panes sin levadura, el vino y todo lo demás, pero tener los elementos no era suficiente. Era necesario cocinarlos, de tal manera que pudieran ser consumidos. De otra manera, aún con todos los elementos necesarios, la cena no se hubiera podido llevar a cabo.

Hoy nosotros hemos sido enviados a ir y preparar la cena. Ciertamente tenemos los elementos. Cristo es el cordero que ya fue sacrificado. Su Palabra y su verdad ya han transformado nuestra vida. Hemos saboreado la Cena del Señor. Esa cena es necesario llevarla hoy a quienes la necesitan. Pero la cena hay que prepararla. Hay que cocinarla de tal manera que pueda ser consumida y disfrutada por todos.

Usted se preguntará, ¿cómo podemos entender este asunto de "cocinar" la Pascua? Para eso, contéstese usted las siguientes preguntas:

- ¿Cómo entenderán si no hay quien les explique?
- ¿Cómo sabrán que hay un Dios que les ama si no hay quien se los muestre?
- ¿Cómo sabrán que aún tienen esperanza si no hay quien se los diga?

Si Jesús y sus discípulos pudieron tener su cena de pascua esa noche fue porque Pedro y Juan estuvieron dispuestos a ser los cocineros. Hoy nos toca a nosotros ser los cocineros de la pascua.

La actitud de Jesús fue siempre una actitud de servicio. Tanto así fue su actitud de servicio que en esa misma ocasión, más tarde esa misma noche, Jesús mismo, siendo el Maestro, lavó los pies de sus discípulos.

Esa actitud también fue una gran enseñanza para los discípulos en aquel tiempo y ciertamente es una gran enseñanza para nosotros hoy. Hoy nos toca servir a nosotros. Hoy nos toca anunciar la muerte y resurrección de Jesús, pues ese era Su deseo. Por eso instituyó la cena.

- Para que le recordáramos.
- Para que recordáramos lo que hizo.
- Lo que hizo por todos. Ellos y nosotros.
- Lo que significa.
- Lo que representa.
- Lo que puede lograr en aquellos que la reciben.

Entre todas las razones que pudo tener Jesús para instituir la Cena del Señor en Su memoria está la recordación. Es importante recordar que, como parte de nuestra misión como iglesia, necesitamos tener la actitud correcta, disponer nuestro aposento, ir a la ciudad y preparar la cena.

Somos los cocineros de la pascua. ¡A cocinar se ha dicho!!!

DOBLE 30

Lectura: Hechos 8:3-4

Cuando era niño, acostumbraba jugar con los demás niños en el vecindario o en la escuela un juego al que llamábamos "Doble 30". El juego consistía en escoger un jugador que tenía la tarea de perseguir a los demás niños hasta tocarlos. Aquel que era tocado, se convertía en su ayudante, y tenía entonces que perseguir a los demás que no habían sido tocados.

A medida que los niños iban siendo tocados, el espacio libre de acción se limitaba, por lo que aquellos que aún no habían sido tocados se veían en la obligación de escapar hacia otras áreas. Cada vez había más y más niños que podían tocarlos y atraparlos. El juego terminaba cuando era atrapado el último niño que no había sido tocado.

Esta dinámica de persecución de este juego infantil me hizo considerar esta historia bíblica. Para ubicarnos en tiempo y espacio, debemos considerar los acontecimientos que habían ocurrido recientemente en el contexto histórico del pasaje. Como bien nos menciona Hechos 8:1, la iglesia en Jerusalén estaba siendo perseguida. La persecución que se había desatado era tal, que el pasaje indica que todos los seguidores de la nueva doctrina cristiana fueron esparcidos a las tierras de Judea y Samaria, con la única excepción de los apóstoles.

Ellos permanecieron en Jerusalén, de alguna manera y entre otras cosas, para sostener la estructura eclesiástica que apenas se definía. Este drama de la persecución alcanzó, entonces, su punto culminante con la muerte de Esteban, el primer mártir de la era cristiana. El asunto, ciertamente, era muy serio y preocupante.

Ahora, si bien la persecución generó una situación terrible y angustiosa para la iglesia, también podemos observar que Dios utilizó esta persecución para que la iglesia expandiera el evangelio por toda la Tierra. Jesús mismo advirtió que la iglesia sería perseguida. En ese sentido, Su consejo y recomendación a sus discípulos fue: *"cuando os persigan en esta ciudad, huid a la otra".* (Mateo 10:23).

No obstante, no debemos entender esta persecución como una terminación o abandono del ministerio de la iglesia en Jerusalén. De hecho, una de las razones por las que los apóstoles permanecieron allí fue para garantizar presencia ministerial, y una base de operaciones en el lugar donde Jesús les había dicho que permanecieran hasta que recibieran poder, para luego ser testigos. (Hechos 1:7-8). Dios no permitió la persecución para que la iglesia desapareciera de donde estaba, sino para que el evangelio alcanzara los lugares hacia donde los perseguidos llegarían. Ahora, la semilla del evangelio que había sido sembrada en sus corazones alcanzaba otros terrenos dispuestos para la siembra.

Por otro lado, el hecho de que aún la iglesia de Cristo existe, y está más activa que nunca, es evidencia de que todas estas cosas rindieron frutos positivos y de bendición. Así que, no necesariamente tenemos que ver este asunto con uno negativo. La persecución, realmente, no los expulsó. La persecución, realmente, los envió.

Ahora bien, mi intención al considerar este pasaje no se limita a observar únicamente estas enseñanzas. Estoy convencido de que el pasaje nos ofrece otras interesantes y ricas enseñanzas que podemos aplicar a nuestra experiencia de vida cristiana.

Para ello, lo invito a jugar "Doble 30". Veamos a la luz de la dinámica de este juego infantil algunas lecciones prácticas que, confío, sean de utilidad para el desarrollo y fortalecimiento de nuestro llamado ministerial como iglesia de Dios.

1. **Todos los seres humanos son parte del "juego".**

La razón fundamental para esta verdad es que Cristo murió por todos los hombres. Él murió en propiciación por los pecados de todo el mundo.

(1 Juan 2:2). La muerte de Cristo tiene el propósito de pagar el precio de nuestro pecado, y restablecer nuestra relación con el Padre.

En términos del juego de Doble 30, Cristo se convirtió en aquel que nos buscaría para tocarnos, pero a la misma vez, Cristo convierte a los hombres en participantes del juego. Si Cristo murió por todos, entonces todos estamos incluidos en el juego. Cristo, por medio de su sacrificio, quiere tocarnos a todos.

Desde luego, la salvación por medio del sacrificio de Cristo en la cruz aplica a todos aquellos que aceptan "el toque" de Jesús. La triste realidad en este sentido estriba en que no todos quieren dejarse tocar por Jesús. Esta realidad pone de manifiesto lo siguiente.

2. La dinámica del juego implica que habrá resistencia.

Mediante la explicación del juego de Doble 30, podemos notar que, de igual manera, el sacrificio de Cristo establece y define la existencia de 2 bandos: Los perseguidores y los perseguidos.

Por un lado, todos aquellos que hemos sido tocados por el evangelio de Jesús, somos convertidos, al igual que en el juego, en perseguidores y "atrapadores" de aquellos que aún no han sido tocados.

Pero, el mismo juego establece, como parte de su dinámica, que habrá algunos que permanecerán, al menos por algún tiempo, sin querer ser tocados o atrapados. La realidad en nuestra tarea como evangelistas del reino, igualmente, implica que no todos se dejarán atrapar fácilmente.

Mucha gente huye del evangelio pensando en las cosas que supuestamente perderán. La humanidad no quiere dejarse atrapar por Jesús porque, al igual que en el juego de Doble 30, piensan que de esa manera "ganarán el juego".

Sin embargo, la propuesta de Cristo contempla otra forma de entender el juego. <u>Con Cristo, perdiendo es como se gana.</u> Entregándole a Él nuestra vida de pecado es que recibimos vida eterna en los cielos. Cuando entregamos nuestra vida a Cristo notamos cómo nuestra ansiedad de "perder" en el juego termina.

A veces huimos de una experiencia, simplemente porque pensamos que la misma será desagradable. En ocasiones ese pensar no es ni tan siquiera una idea propia. Son muchas las instancias en las que emitimos un juicio desacertado solamente por lo que otros nos han dicho o nos han contado acerca de cómo fue la experiencia personal que ellos vivieron en un momento dado.

Desde luego, es importante recibir el consejo de los demás sobre las cosas malas que nosotros no conocemos. Hay un refrán que dice que "el que no oye consejo, no llega a viejo". Pero, con Cristo, todas las experiencias, aun las que nos parezcan desagradables, serán de bendición. *"A los que aman a Dios, todas las cosas les ayudan a bien".* (Romanos 8:28).

Con Cristo las cosas son mucho mejor. Aún en una relación como la que hemos establecido con el juego infantil del Doble 30, ser tocados por Cristo tiene ventajas, como la siguiente.

3. El "atrapado" pasa a formar parte de nuestro equipo.

Cuando una persona acepta a Cristo como Señor y Salvador, pasa inmediatamente a formar parte del cuerpo de Cristo. El recién convertido, al igual que nosotros, es justificado, regenerado y adoptado como hijo por el Padre Celestial. Esto significa que ahora el recién convertido se ha unido a nuestra causa. Es ahora un recluta que pertenece al ejército de Dios. Es ahora parte de nuestro equipo.

Esto implica que, puesto que ha pasado a ser uno de los nuestros, también recibe la misma encomienda que nosotros hemos recibido. Igual que nosotros, todo aquel que recibe a Cristo, recibe también la comisión de llevar el evangelio a toda criatura.

Ahora el nuevo cristiano es llamado también a "tocar y atrapar" a aquellos que todavía no han sido tocados.

¿Qué ventaja pudiera ofrecer al nuevo convertido el que ahora sea parte de nuestro equipo? Bueno, en el juego de Doble 30, conforme va pasando el tiempo y cada vez más niños son tocados, más crece el grupo de "atrapadores", por tanto, cada "ganancia" de perseguidores representa una "pérdida" en el equipo de perseguidos. Ante esta dinámica, lo que lógicamente sucederá es que el equipo de perseguidores terminará ganando el juego.

En términos de nuestra experiencia de vida cristiana sucederá exactamente lo mismo. Dejarse tocar por el evangelio de Cristo nos incluirá en el equipo que finalmente, y a pesar de todos los obstáculos, ganará ante el mundo, el infierno y el diablo.

Por eso el Apóstol Pablo puede afirmar en Romanos 8:18 que *"las aflicciones del tiempo presente no son comparables con la gloria venidera que en nosotros ha de manifestarse".* (RVR60).

En Cristo somos parte del verdadero equipo vencedor. En Cristo somos *"más que vencedores".* (Romanos 8:37).

Ahora, note bien, como dato curioso, que quien hace estas declaraciones es, precisamente, aquel que perseguía a la iglesia de forma tan vehemente. Esto demuestra y afirma nuestra próxima enseñanza.

4. El "juego" cambia la vida de los "jugadores".

Según Hechos 8:3, Saulo *"asolaba la iglesia, y entrando casa por casa, arrastraba a hombres y a mujeres, y los entregaba en la cárcel".* (RVR60).

Saulo estaba haciendo estragos en la iglesia. Su fanatismo y odio por el evangelio era tan desmedido que no le importaba sacar y arrastrar por la fuerza a los cristianos, incluso fuera de sus propias casas. Ya ningún cristiano se sentía seguro. Sin embargo, cuando más rebelde y violento se mostraba Saulo, llegó el momento en el que su vida cambió. Saulo, cuando menos lo esperaba, fue impactado por el Cristo al que perseguía. A Saulo le llegó el momento en el juego de ser "tocado" por Jesús.

Yo no sé qué usted piense, pero la historia de Pablo me llena de esperanza. El cambio en la vida de Pablo fue tan tenaz, que Dios le cambió hasta el nombre. En virtud de su eventual ministerio entre los gentiles, ahora su nombre no sería Saulo, sino que sería reconocido por su nombre griego: Pablo.

Sucede que, cuando el toque de Jesús llega a nuestra vida, el cambio que ocurre en nosotros es tan dramático como la antigua resistencia con la que huíamos.

- Ahora no corremos, junto a los perdidos, del equipo que nos "persigue" para atraparnos.
- Ahora corremos hacia los perdidos, junto al equipo de los demás cristianos, para atraparlos.
- Ahora cambia nuestra dirección.
- Cambia nuestro propósito.
- Cambia nuestra vida.

En el juego de Doble 30, somos convertidos en perseguidores, para unir a los demás a nuestra causa. En el evangelio también ocurre lo mismo.

Jesús cambió la vida de unos pescadores, convirtiéndolos en "pescadores de hombres". (Mateo 4:19). A esto es a lo que el Apóstol Pablo, ahora soldado de Jesucristo, se refiere cuando dice, por experiencia propia:

"De modo que, si alguno está en Cristo, nueva criatura es; las cosas viejas pasaron; he aquí todas son hechas nuevas". (2 Corintios 5:17). (RV).

Ahora bien, por esta misma verdad, podemos establecer también otra enseñanza.

5. No hay que ser apóstol para llevar el evangelio.

Hoy en día observamos la creciente tendencia de algunos líderes cristianos en llamarse "apóstoles". Más aún, en un viaje que realicé a Costa Rica, escuché que la nueva "moda" en algunas iglesias cristianas es el de llamar "patriarcas" a sus líderes.

Mi impresión muy personal es que, de alguna manera se cumple la Escritura, cuando dice que en la venida del Señor los muertos en Cristo resucitarán primero. (¿?). ¡Aleluya! ¡Los apóstoles y los patriarcas ya están resucitando!!

A pesar de esto, y de la broma que aquí suscribo, yo le respeto el derecho, a quien así quiera ejercerlo, de llamarse como desee. Sin embargo, y ya fuera de broma, lo peligroso de esta tendencia pudiera estar en que se limite o se coarte la práctica evangelística y ministerial a solamente aquellos a quienes se les hayan imputado tales "títulos de nobleza".

- Es como si solamente se les permitiera jugar Doble 30 a cierto grupo de "elegidos".
- Es como si arbitrariamente se designara la participación en el juego.
- Es como si en la salvación no estuvieran incluidos todos los hombres.

El contexto histórico del pasaje demuestra todo lo contrario. Poco antes, y poco después, encontramos 2 casos interesantes. Hechos 6 nos presenta a Esteban, un laico lleno de fe y del Espíritu Santo, que fue escogido entre otros como diácono para servir a las mesas de las viudas y los huérfanos.

Este hombre no tenía un título apostólico, ni contaba con un doctorado en teología. Simplemente se trataba de un hombre que fue llamado por Dios a "tocar" a los demás. Dice la palabra de Dios que Esteban, *"lleno de gracia y de poder, hacía grandes prodigios y señales entre el pueblo".* (Hechos 6:8).

El otro caso fue el de Felipe. Él, al igual que Esteban, fue elegido como diácono para servir. Pero, en su caso particular, Felipe fue uno de los que fueron esparcidos, yendo él a la ciudad de Samaria. Narra este mismo capítulo 8 del libro de Los Hechos que Felipe predicaba a Cristo, y que hacía señales portentosas tales como expulsar espíritus inmundos y múltiples sanidades. Más adelante, Felipe le predica y bautiza a un eunuco etíope en el camino del desierto entre Jerusalén y Gaza.

Felipe tampoco contaba con un grado universitario en teología o con una preparación académica especializada en el campo ministerial, por lo que podemos establecer que, para participar en este "juego", el único requisito es haber creído.

Que quede claro. No estoy en contra de la preparación teológica. De hecho, yo puedo dar fe de sus beneficios. Mi experiencia ministerial y mi teolosis se han enriquecido significativamente por medios de los estudios teológicos y psicológicos que he obtenido. Prepararse ministerialmente es apropiado. Es aconsejable tener conocimiento y adquirir sabiduría, y los institutos y seminarios son instrumentos de Dios para la capacitación de líderes. Pero el llamado a participar en el juego es para todos. Cristo murió por todos, por tanto, todos los que hemos creído a este anuncio estamos llamados a capturar a aquellos que aún no le han recibido.

Esta no es una tarea exclusiva. Es una tarea inclusiva, porque nos incluye a todos los creyentes. Nadie debe sentirse más por tener un título, ni menos por no tenerlo.

Tampoco la eficiencia en nuestra tarea se mide en términos numéricos. Bien sea que podamos predicar ante una gran multitud, o si solamente le podemos predicar a nuestro compañero de cuarto en un hospital, estamos haciendo el juego. Para Dios es tan valioso aquel que tiene cinco talentos como el que solamente tiene uno.

Finalmente, nos queda considerar una última enseñanza.

6. Mientras el juego dure, hay que insistir en atrapar a todos.

Dijimos que el juego establece, como parte de su dinámica, que habrán algunos que permanecerán, por algún tiempo, sin ser tocados o atrapados.

Esta es una triste y desafortunada realidad. Diariamente el pueblo de Dios sale a sembrar la semilla del evangelio en los corazones de aquellos que no tienen a Cristo en su vida, pero nos encontramos con la realidad de que, por más que insistimos en ocasiones, muchos continúan rechazando a Cristo. Cada vez que salimos a "tocar" a alguien, ese alguien sale huyendo para no dejarse tocar. Igual que en el juego de Doble 30.

Recuerdo además que en ocasiones no podíamos completar el juego. No siempre alcanzábamos a tocar a todos los chicos, bien sea porque no contábamos con suficiente tiempo o porque se hacía de noche. En ocasiones las madres llamaban a sus hijos para cenar, para realizar tareas de la escuela o como castigo por no obedecer alguna orden previa. Siendo así, muchas veces se nos quedaban niños sin tocar, y sin convertirlos en parte de nuestro equipo.

En nuestra misión evangelística sucede lo mismo. Aun cuando hemos ganado vidas para Cristo, desafortunadamente ha habido algunos que se nos han escapado. Han sido muchos los que terminaron su juego sin ser tocados.

Pero, aún hay esperanza. Afortunadamente, ¡el juego no ha terminado!! Por eso, mientras haya tiempo, debemos seguir insistiendo en "tocar" a todos con Cristo. Mientras no sean llamados fuera del juego y de nuestra presencia, tenemos la tarea de "ganarlos" para nuestro equipo.

Somos parte de un juego que, más que un juego, es un asunto serio. Es un asunto de eternidad. Es un asunto de vida eterna o condenación eterna. Así que, mientras haya tiempo, mientras haya "niños" que deban ser "tocados" y mientras el evangelio no haya sido predicado a toda criatura, el juego no se ha acabado. Como nos enseñó el mismo Jesús:

"... es necesario hacer las obras del que me envió, entre tanto que el día dura; la noche viene, cuando nadie puede trabajar". (Juan 9:4) (RVR60).

Tenemos que seguir predicando. Tenemos que seguir insistiendo. Tenemos que seguir tocando. Tenemos que seguir jugando. Así que...,

¡A jugar se ha dicho!!

LAS TRES "E"

Lectura: 1 Pedro 2:4-6

La Iglesia del Nazareno celebró sus primeros 100 años de fundación a nivel mundial en el año 2008. De más está decir que los mensajes alusivos al aniversario de la iglesia (así como los mensajes de aniversario en general) estaban dirigidos a recordar y fortalecer el compromiso inicial de la formación de la iglesia.

En cierto modo esto es lo que el Apóstol Pedro parece destacar en este pasaje. Naturalmente, Pedro hace hincapié en que el origen y fundamento de la iglesia se concentran en la figura de Jesucristo.

Ahora bien, es necesario que mencionemos y comprendamos que una de las funciones de la iglesia es dar continuidad a la obra de Cristo en la Tierra. Si la obra de Dios en el mundo continúa hoy en día es porque hoy en día hay una iglesia en la Tierra que representa al Dios de esa obra. Esta realidad debe llevarnos a pensar en que, ciertamente, tenemos un compromiso histórico con la humanidad.

Los aniversarios nos sirven para recordar la historia. Y, desde luego, lo hermoso de recordar la historia es cuando podemos destacar los momentos que fueron significativos en esa historia.

En ese sentido, para poder identificar la forma en la que estos eventos fueron significativos, es necesario recordar la razón por la que estos eventos fueron significativos. Entre esas razones podemos enumerar aquellas que traen a nuestra memoria situaciones muy particulares. Nos hacen recordar momentos jocosos, inspiradores, tristes, personas y fechas. Y, por qué no, también recordamos lecciones aprendidas de diversas maneras.

Los momentos históricos tienen dos características especiales. Una de esas características particulares de los momentos históricos es que ocurren, precisamente, en un momento histórico. No tienen un momento predeterminado. Lo que ha de ocurrir en la historia ocurre en un momento específico. Ni antes ni después. La otra característica especial de los momentos históricos es que marcan el fin de una etapa y/o el comienzo de otra.

Piense por un momento lo que la ciencia explica sobre la ley de inercia. Básicamente, lo que establece la ley de inercia es que un objeto permanecerá en un estado de movimiento determinado hasta que una fuerza externa cambie su estado de movimiento determinado. En términos de lo que estamos considerando, un momento histórico es esa fuerza externa que cambia ese movimiento, hasta ahora normal, de la vida, tal y como la conocemos hasta ese momento.

Pero la historia no se escribe sola. La historia ha necesitado de gente que, por accidente o por convicción, estuvieron dispuestos a hacer algo diferente. A romper con la rutina. A ser esa fuerza externa que acaba con la inercia del momento. La historia consiste, entonces, de momentos específicos, para cambios específicos y de personas dispuestas y comprometidas con ese momento histórico.

Desafortunadamente, en ocasiones recordamos muy bien los eventos históricos, pero no recordamos en ocasiones a los protagonistas de estos eventos históricos. Recordamos y disfrutamos del invento del teléfono, pero se nos olvida quién lo inventó. Igual sucede con la penicilina, la energía eléctrica, la imprenta o el fundador de nuestra denominación. Peor aún, podemos recordar la historia de la iglesia, pero se nos olvida quién fue la primera piedra de la iglesia.

De alguna forma, este pasaje de 1 Pedro 2:4-6 intenta hacernos recordar, no sólo que como iglesia tenemos una historia, sino que hubo una historia anterior en nuestras vidas que también merece ser recordada. La dinámica de Dios con el pueblo de Israel desde sus comienzos fue la de recordarles constantemente de dónde habían surgido. "Yo que te saqué de tierra de Egipto, yo que te libré de casa de servidumbre", eran entre otras, las palabras características de esa constante recordación.

Cuando se trata de recordar la historia de la iglesia, es necesario recordar también cuál fue nuestra propia historia, la historia particular y personal antes de ser iglesia.

Hay 3 palabras que nos pueden ayudar en este sentido. Tres palabras que son, precisamente, las que el Apóstol Pedro presenta en este pasaje, que nos hacen recordar, no sólo nuestra historia pasada, sino nuestra historia presente y futura.

Es importante que recordemos toda la historia, porque en toda la historia encontramos el propósito de Dios en lo que fuimos, para lo que somos y para lo que seremos.

Por pura casualidad, estas 3 palabras comienzan con la letra "e". Veamos y analicemos estas tres "e" tan significativas para la iglesia.

1. Escogidos

Lo primero que tendríamos que recordar, según el pasaje, es que nosotros, en nuestro pasado, fuimos desechados. Fuimos arrojados y pisoteados por el mundo y su maldad. Fuimos abandonados y dejados a un lado como inútiles.

Entonces, el Dios que escoge, el Dios que constantemente nos recuerda la historia, entra en una aparente contradicción en ese momento histórico preciso en el que nos escoge.

Siendo así, el momento en el que Dios nos escoge es uno contradictorio e histórico. Es contradictorio porque eso que antes fue desechado, pisoteado y dejado a un lado como inservible, es lo que ahora es escogido para edificación. Lo histórico del momento apunta, desde luego, a un momento de recordación. Este momento, cuando menos, debe recordarnos que, si hemos sido escogidos, no ha sido por nuestros talentos especiales o porque nosotros mismos seamos algo especial. Fuimos escogidos porque quien nos escogió es especial.

Dígame si esto no le parece un tanto ilógico:

- ¿A quién podía ocurrírsele que un tosco e inculto pescador pudiera ser el autor de este extraordinario pasaje?
- ¿Quién podía creer que un desalmado fariseo como Saulo de Tarso pudiera ser convertido en el Apóstol de los gentiles?
- ¿Cree usted posible que un alcohólico empedernido hoy pueda ser un predicador del Evangelio? Conozco uno. Es miembro de nuestra iglesia.
- ¿Podrá Dios hacerlo de nuevo? Ya lo creo que sí.

Cuando recordamos de dónde hemos salido, y miramos dónde estamos ahora, vemos que siempre tendremos motivos para agradecer a Dios.

No importa los años que hayan pasado, siempre estaremos agradecidos de Dios por lo que ha hecho con nosotros y en nosotros. Pero tenemos que recordar algo muy importante. Es Dios quien hace las cosas. Es Dios quien tiene la autoridad y la potestad sobre la iglesia. Mire lo que dice el mismo Jesús en Mateo 21:42 cuando es cuestionado por los principales sacerdotes y los ancianos del pueblo acerca que la autoridad con la que El hacía las cosas:

"Jesús les dijo: ¿Nunca leísteis en las Escrituras: La piedra que desecharon los edificadores ha venido a ser cabeza del ángulo? El Señor ha hecho esto, y es cosa maravillosa a nuestros ojos". (RVR60).

Es por esta razón que Jesús puede decir lo que dijo en Juan 15:16: *"No me elegisteis vosotros a mí, sino que yo os elegí a vosotros...".* (RVR60).

No somos escogidos por lo que podemos hacer, sino por lo que Dios puede hacer por medio de nosotros. Es Dios quien convierte lo inservible en pieza principal de Su obra. Por tanto, tenemos que entender que la iglesia de Dios no es iglesia por sí misma, sino por lo que el Dios de la iglesia es en ella. La iglesia de Dios no hace nada por sí misma, sino por lo que el Dios de la iglesia hace en ella y a través de ella. Hemos sido escogidos, no por buenos, sino porque Dios es bueno.

Es extraño pensar, desde esa perspectiva que la iglesia no tiene ninguna misión. La misión es de Dios.

- Es Dios quien salva a los perdidos.
- Es Dios quien sana los enfermos.
- Es Dios quien restaura la totalidad de la vida del hombre.

No tenemos misión propia. Nuestra misión es cumplir la misión del Padre. El llamado de la iglesia de Dios es a cumplir con los propósitos del Dios de la iglesia.

2. Edificados.

Note bien que el pasaje establece, en primera instancia, que ahora hemos sido edificados, lo que quiere decir que antes de haber sido escogidos no estábamos ni tan siquiera edificados. 1 Pedro 2:5 nos dice que ahora somos piedras vivas, lo que quiere decir que en el pasado éramos piedras muertas.

Esto da continuidad al pensamiento que establecimos sobre nuestra historia pasada y nuestra historia presente. Saber que ahora somos edificados es un recordatorio de que antes no lo éramos. Saber que ahora somos piedras vivas es un recordatorio de que antes éramos piedras muertas.

Ahora bien, una vez establecida esta verdad, sería necesario identificar la razón por la cual somos edificados. 1 Pedro 2:5 añade que somos edificados para que seamos casa espiritual. Volvemos entonces a recordar que, si ahora somos casa espiritual, es porque antes éramos casa carnal. ¿Cuál es, entonces, la razón por la que somos edificados? Para ser casas espirituales. Antes éramos perdidos. Ahora, puesto que Dios nos escogió y nos edificó como casas espirituales, servimos a los propósitos de Dios, porque Dios es Espíritu.

Aquí encontramos una definición de santidad. Somos escogidos y separados para ser edificados para el propósito divino y espiritual de Dios. En Dios hemos sido escogidos y edificados para ser diferentes. Esto es lo que básicamente está estableciendo el texto. Antes éramos una cosa y ahora somos otra. Pero ahora, puesto que debemos ser casas espirituales, es necesario que se note que ya no somos casas carnales. Por cuanto somos piedras vivas, debe notarse que no somos piedras muertas. Es por eso que el mensaje y el llamado a la santidad tienen sentido. Somos separados para ser diferentes y somos diferentes porque somos separados.

Ahora que entendemos que hemos sido escogidos y edificados por Dios, ¿cuándo es que realmente cumplimos con los propósitos de Dios para la iglesia? Cuando respondemos a la tercera "e".

3. Enviados.

Básicamente, ser enviados es hacer con otros lo que otros enviados alguna vez hicieron con nosotros. Aquellos que nos llevaron el mensaje de salvación lo hicieron respondiendo al propósito de Dios de ser sacerdotes santos de Su evangelio (1 Pedro 2:5), con la intención de que Dios nos escogiera y nos edificara a nosotros para el mismo propósito. Hemos sido escogidos y edificados con el propósito de que Dios escoja y edifique a otros por medio de nosotros. Las tres "e" son, entonces, un ciclo de recordación constante que la iglesia no debe olvidar, si es que no quiere olvidar la historia, y que la historia no la olvide.

Ahora bien, note algo muy interesante en términos de estas tres "e" de la iglesia. Por medio de este pasaje, Pedro recuerda que hemos sido escogidos, exhorta a que seamos edificados, y recuerda y exhorta que hemos sido enviados, lo que implica que las "e" de la iglesia requieren de nuestra disposición a que seamos parte de esas tres "e".

- Para ser escogidos por Dios, debemos dejarnos ser escogidos por Dios.
- Para ser edificados por Dios, debemos dejarnos ser edificados por Dios.
- Pero, para ser enviados por Dios, hemos tenido que haber sido escogidos y edificados por Dios.

Es evidente que no podemos dar lo que no tenemos. La gente tiene que ver en nosotros a Jesús para poder creer que Jesús está con nosotros. Nosotros no salvamos a nadie. Dios los salva a través de nuestro trabajo y nuestra disposición de ser escogidos y edificados. Es por eso que somos enviados *después* de haber sido escogidos y edificados. Porque la gente verá en nosotros lo mismo que Dios quiere hacer con ellos.

En ese sentido, somos la vitrina de Dios. Dios ofrece Su "mercancía" a través de una vitrina bien escogida y bien preparada. Si usted luce bien, Dios también. Jesús ha sido nuestro modelo. Ahora nosotros somos modelos para otros.

Recordar la historia es recordar de dónde vinimos, en dónde estamos y hacia dónde vamos. Es recordar lo que hacíamos, lo que hacemos y lo que debemos hacer. La historia es completa cuando cubre nuestro pasado, presente y futuro.

Hoy recordamos lo que éramos y recordamos lo que Dios ha hecho por nosotros.

Recordemos también lo que debemos hacer.

Recordemos las Tres "E"...

IDENTIDAD Y PROPOSITO

Lectura: Mateo 16:13-19

Quiero compartir con usted una historia que escuché del Dr. John C. Bowling, presidente de la Universidad Nazarena de Olivet, en el estado de Illinois, en la inauguración del Centro Nazareno de Estudios Teológicos en Carolina, Puerto Rico.

Él contaba que, en una ocasión, en una ciudad de Rusia a principios del siglo XX, un rabino se habría paso entre la nieve invernal para llegar hasta una sinagoga. Al doblar una esquina de calle, se encontró con un joven soldado ruso, quien al verlo, lo apuntó con su fusil y le indicó que se detuviera.

Acto seguido, el joven le hizo 2 preguntas al rabino. - "¿Quién es usted? ¿Qué hace aquí?"

El rabino, haciendo uso de su experiencia, le contestó al soldado con otra pregunta. "Dígame, oficial, ¿cuánto le paga el estado por sus servicios?" El joven contestó con cierto aire de arrogancia: "20 rublos mensuales".

"Yo le daré 30 rublos", le indicó el rabino, "si la semana que viene usted me detiene nuevamente en esta esquina y me hace esas mismas preguntas, ¿trato hecho?".

El joven soldado lo miró fijamente por unos segundos, y luego se apartó del camino, dejando pasar al anciano.

La semana siguiente, el rabino caminaba nuevamente por la misma calle, luchando otra vez con el inclemente frío para llegar hasta la sinagoga. Al doblar la misma esquina de calle, se encontró nuevamente con el soldado, quien a diferencia de la semana pasada, lo miró por unos segundos. Al reconocerlo, le apuntó nuevamente con su fusil y le volvió a hacer las mismas preguntas: "¿Quién es usted? ¿Qué hace aquí?".

El rabino, sin inmutarse, buscó dentro de su abrigo, y sin contestarle una palabra, sacó 30 rublos y los puso en la mano del soldado. Al momento, el rabino le contestó:

"¿Quién soy? Soy la iglesia de Dios. ¿Qué hago aquí? Trabajo para el Dios de la iglesia".

Hubo un breve silencio. Un silencio que pareció eterno. Nadie más caminaba por las calles esa noche. Entonces, el rabino volvió a hacer la misma oferta al soldado. "Oficial, le daré 30 rublos si la semana que viene usted me detiene nuevamente en esta esquina y me hace esas mismas preguntas, ¿trato hecho?". Esta vez el joven le contestó: "Trato hecho". Se apartó del camino y el rabino se marchó.

La escena volvió a repetirse a la semana siguiente. Las mismas preguntas. La misma paga. La misma contestación. Solo que, en esta ocasión, sucedió algo diferente.

Cuando el anciano ya se disponía a seguir caminando, el joven soldado lo detiene nuevamente con su fusil y le pregunta: "¿Quién es Dios?". El rabino sonrió brevemente, y le dijo al soldado: "Oficial, esa pregunta no es parte del trato. No obstante, yo se la puedo contestar, pero para eso, necesito que usted me acompañe, ¿trato hecho?".

El joven lo pensó por un momento. Miró a todas partes, para percatarse que no había nadie caminando por las calles a esa hora. El soldado bajó su fusil, y le hizo otra pregunta al anciano. "Ese Dios para el que usted trabaja, ¿tendrá trabajo para mí?".

El rabino pudo notar algún interés económico en la pregunta del joven. Había ganado en 2 semanas lo que cobraba como soldado en 3 meses. No obstante, volvió a sonreír y le dijo: "Estoy seguro que sí, ¿quiere venir conmigo y conocer a Dios?".

El joven soldado asintió, y juntos caminaron hacia la sinagoga, en aquella noche fría, el rabino y el soldado.

Esta anécdota nos confronta con 2 preguntas que son parte de nuestra realidad de vida:

- ¿Quién soy? ¿Qué hago aquí?

Estas preguntas, sin embargo, no nos presentan un nuevo dilema. De hecho, estas preguntas han sido parte del dilema existencial de la humanidad por muchos años. William Shakespeare, a principios del siglo XVII, escribió su famosa obra trágica *"Hamlet"*. En ella, desarrolla un soliloquio del protagonista, donde presenta esta misma cuestión existencial con la famosa frase *"Ser o no ser; he ahí el dilema"*.

Sin duda, estas 2 preguntas han sido capaces de detener la marcha en la vida de muchas personas y de ponerlos a pensar sobre 2 aspectos fundamentales en la vida:

- Identidad
- Propósito

Por mi parte, mi intención no es desarrollar un tema filosófico. Como siempre, yo quiero ser más práctico.

Muchas veces, nos hacemos estas preguntas desde una perspectiva equivocada. En ocasiones, cuando nos detenemos para cuestionar nuestra identidad y nuestro propósito en la vida, o como iglesia, lo hacemos partiendo desde el pensamiento de <u>lo que quisiéramos ser</u>.

Dígame si es cierto o no que, en algún momento de su vida, usted ha deseado alcanzar alguna meta porque ha escuchado el testimonio de otras personas que la han alcanzado.

El hecho de que muchas personas hayan adquirido éxito, fama, fortuna, amor y felicidad ha sido la inspiración para que otras tantas personas se hayan detenido en su vida y hayan decidido hacer lo que fuera por alcanzar lo mismo. Este es un fundamento psicológico del llamado "Sueño Americano". Es, incluso, el fundamento para perseverar en una práctica, unos estudios o una fe.

No hay nada de malo en eso. Para mí, ese fundamento psicológico es también parte del pensamiento teológico. Dios ha querido demostrar, por medio de los ejemplos que encontramos en las Escrituras, que la posibilidad de conquistar reinos, vencer las adversidades, disfrutar de Sus bendiciones y vivir una vida de santidad y perfección es totalmente realizable, en todo tiempo de la historia, y hasta nuestros días.

El problema para muchas personas, y para muchos cristianos, es que encontramos maravillosos los testimonios que escuchamos, sin embargo, la parte de estos testimonios que realmente producen interés en nosotros es el final de la historia.

No nos damos cuenta que, para llegar a ese final feliz en cada testimonio que escuchamos, las personas han tenido que atravesar situaciones realmente dramáticas, y no ha sido sino hasta el final de una travesía desconocida y tortuosa que estos testimonios se convirtieron en realidad.

Es hermoso disfrutar de un final feliz. Sin embargo, muchas veces no nos gusta la trama. Nos gusta el final de la historia, pero no nos gusta su desarrollo. Se nos olvida que las historias que escuchamos, y que nos hacen detenernos en el camino, ya son historias completas. La nuestra puede que todavía esté en proceso.

¿Quién es usted? ¿Qué hace aquí? Estas preguntas pueden no ser tan simples como parecen. Tal vez usted no pueda contestar estas preguntas en este momento. Y, tal vez no pueda contestarlas porque no tiene la respuesta que usted quisiera. Usted, tal vez, quisiera decir que ha logrado grandes cosas, y que por ello, su propósito en la vida está completo. Lo que sucede es que no sabemos en lo que nos convertiremos, porque eso puede estar fuera de nuestro control.

Yo sé que tal vez mi explicación no le conteste estas preguntas. Ni usted ni yo podemos saber lo que seremos en el futuro. Pero hay algo que usted y yo sí sabemos de nosotros. Usted y yo sabemos lo que fuimos en el pasado.

Es por eso que la pregunta de Jesús a sus discípulos en la lectura principal para esta reflexión no es, meramente, una pregunta con el propósito de indagar la opinión de la gente acerca de Él.

Jesús nació en Belén, una pequeña ciudad al sur de Jerusalén. Luego de un tiempo, fue criado en Nazaret, una ciudad al norte de la región de Galilea. Cabe mencionar que, aunque muchas personas piensan que Nazaret fue una ciudad pequeña, la verdad es que algunos historiadores y comentaristas bíblicos entienden que Nazaret era una ciudad de algunas 20,000 personas. No obstante, lo interesante de Nazaret no era lo grande o pequeña que fuera. Lo particularmente especial de esta ciudad era la reputación que tenía en toda la región de Palestina.

La Escritura registra en Juan 1:43-51 el llamamiento de Felipe y Natanael. Cuando Felipe le dice a Natanael que habían encontrado al Mesías, le dice que ese Mesías es Jesús, el hijo de José de Nazaret. Natanael, entonces, le dice a Felipe en forma de pregunta: *"¿De Nazaret puede salir algo bueno?"* (v.46). ¡Por algo Natanael se expresó de esta forma sobre Jesús y Nazaret! Usted, ¿qué cree? De algo estoy seguro. Por buenos no era.

Sin embargo, ahora estaba sucediendo algo verdaderamente especial. Ahora Jesús estaba tomando el nombre de "nazareno".

¡Qué maravilloso! Ahora Jesús estaba convirtiendo el nombre de nazareno en una expresión propia de su excelencia. Jesús estaba:

- Tomando un nombre que por mucho tiempo se consideró como lo más bajo, lo más vil, aquello que no era nada bueno.
- Lo tomó para sí, lo convirtió en algo suyo, en Su identidad.
- Luego, entonces, le da ese nombre a Su iglesia.

Cuando la iglesia que nació el Día de Pentecostés comenzó a darse a conocer, fue conocida por muchos como "los nazarenos". ¿No le parece a usted esto como algo característico de Jesús?

No me extraña. Jesús cambia todo aquello que Él toma para sí. Todo aquello, o todo aquel, que cae en las manos de Jesús jamás vuelve a ser lo que era antes.

- Jesús cambió un sucio pesebre en un lugar iluminado por La Estrella de Belén, convirtiéndolo en la confirmación del mensaje de los ángeles de que había nacido el Salvador del mundo.
- Jesús convirtió una rústica cruz, símbolo de maldición, en el símbolo de nuestra redención. Jesús convirtió la cruz en la bandera del triunfo de la sangre sobre el pecado.

- Jesús transformó una oscura y fría tumba en la garantía de nuestra salvación y en la demostración visible y segura que sostiene nuestra fe.
- Dios nos tomó a nosotros, lo vil, lo menospreciado y lo débil del mundo para avergonzar a los sabios, avergonzar a los fuertes, y nos ha dado en Cristo Jesús sabiduría, justificación, santificación y redención. (1 Corintios 1:27-30).

Ahora bien, cuando Jesús pregunta a sus discípulos en este pasaje de Mateo 16 sobre lo que los hombres pensaban de Él, lo hace con 2 propósitos específicos. En primer lugar, Jesús estaba confirmando para conocimiento de los discípulos la transformación que Él se había propuesto realizar y que había logrado. Ahora la gente no podía expresarse de Jesús como un nazareno de dudosa reputación. Ahora la gente tenía un alto concepto de Jesús. Los nombres que se mencionaron en el pasaje fueron nombres de grandes hombres de Dios, reconocidos por la tradición y la historia del pueblo.

Esto tiene un significado muy especial para nosotros hoy. Considere esto. Jesús no caminaba solo. Jesús estaba acompañado de sus discípulos. Esto nada más me hace pensar en un refrán. (Ustedes saben que yo soy bien refranero). Hay un refrán que dice: "Dime con quién andas, y te diré quién eres".

Cuando Jesús hace esta pregunta a sus discípulos, lo hace con la intención de que los discípulos consideraran con quién ellos estaban caminando. Si la gente tenía un alto concepto de Jesús, es razonable pensar que, de igual forma, pensaran de aquellos que caminaban con Él. Por tanto, la respuesta a esta pregunta imponía a los discípulos un compromiso.

Si la gente tenía tan alto concepto de Jesús, lo menos que podían hacer los discípulos era comportarse a la altura de su Maestro. Representar a Cristo no es una tarea que deba tomarse livianamente. La reputación de Jesús es elevadísima. A ese nivel debemos comportarnos nosotros también.

Pero, como mencioné anteriormente, existe otro propósito de Jesús con esta pregunta. Por la respuesta de los discípulos, podemos denotar que el consenso general del pueblo era que había algo especial en Jesús. No obstante, el hecho de que ellos mencionaran varios nombres indica que, aunque entendían que había algo especial en Jesús, no sabían exactamente lo que era.

Es en ese momento donde la segunda pregunta cobra una importancia extraordinaria. La segunda pregunta de Jesús estaba directamente relacionada con el propósito de la primera.

Tan pronto los discípulos contestan la primera pregunta, Jesús, entonces, formula una segunda pregunta.

En la primera pregunta, Jesús busca establecer la identidad de Su gente. Jesús pretende definir y distinguir cuál es el impacto que nosotros debemos provocar en el mundo. La gente debe decir de nosotros lo mismo que dijeron de Cristo.

Con la segunda pregunta Jesús pretendía que los discípulos entendieran que serían ellos entonces, y nosotros hoy, los que presentaríamos la definición de ese algo de Jesús que la gente no podía ni puede identificar con exactitud. La iglesia de Cristo es quien define a los hombres quién es el Cristo de la iglesia.

Por eso es que la respuesta de Pedro a esta pregunta es tan significativa para Jesús. Por eso es que Jesús declara que esta contestación de Pedro es una revelación de Dios. Con la contestación de Pedro obtenemos la razón de ser, tanto de nuestra identidad como de nuestro propósito.

Decir que somos seguidores del Cristo, el Hijo del Dios viviente, nos está identificando como los representantes de Dios en la Tierra. Esa es nuestra identidad. Somos la iglesia de Cristo. Entonces, si entendemos nuestra identidad, prácticamente estamos también entendiendo nuestro propósito.

Si somos la iglesia de Dios, entonces nuestro propósito es hacer el trabajo del Dios de la iglesia. Esta fue la respuesta que le dio el rabino al soldado ruso. Esa es la misma respuesta que nosotros debemos dar.

Por otra parte, la respuesta de Pedro a esta segunda pregunta nos presenta el fundamento sobre el cual Dios establece Su iglesia. La declaración de Pedro nos presenta la identidad y convicción firmes sobre las cuales Dios establece Su propósito con la iglesia. En primer lugar, declara que Jesús es el Hijo de Dios. Es Jesús quien le da identidad a la iglesia. Cristo es la roca donde descansa la estructura de nuestra identidad. Es entonces, sobre una identidad sólida y firme, que nuestra convicción y nuestro propósito pueden ser igualmente firmes.

Cuando Jesús declara que sobre esta roca, sobre esta seguridad, sobre esta revelación de Dios, Él edificaría Su iglesia, está haciendo una declaración de intención personal.

Mateo 16:18 indica que será Él quien edifique la iglesia, esto es, a pesar de cualquier circunstancia y por encima de cualquier circunstancia. Si Él es la identidad de la iglesia, y Su iglesia entiende esta identidad, no habrá sombra de duda en lo que somos en Dios ni de lo que hacemos para Dios.

Pero eso no es todo. Jesús también indica que esa iglesia que edificará será un reflejo de lo que Él es. Cuando Jesús dice "mi iglesia", está indicando que esa iglesia proyectará Su misma esencia. De otra forma, no sería Suya. Somos de Cristo. Cristo es nuestra identidad. El trabajo que Dios hará en la Tierra lo hará a través de Su iglesia. Cuando comprendemos lo que somos, podemos impartir nuestro sello personal a lo que hacemos. Sin embargo, si somos la iglesia de Cristo, no estamos impartiendo al mundo nuestro sello. Estamos impartiendo al mundo el sello de Cristo.

¿Quién dice la gente que es Jesús? La gente dirá de Jesús lo que nosotros mostremos de Jesús. Pero para mostrar a Jesús, debemos entender con absoluta seguridad que Jesús es el Cristo, el Hijo del Dios viviente. Comprendiendo la identidad ayudaremos en el propósito.

¿Quién es usted? Usted es la iglesia de Cristo. ¿Qué hace aquí? Usted hace el trabajo de Cristo. Usted trabaja para el Cristo de la iglesia. Cristo hace a través de usted lo que Él quiere hacer en el mundo.

Ésa es su identidad. Ése es su propósito. Ahora, ¡salga! Hay alguien, en la fría noche del pecado, esperando que usted haga el trabajo de la iglesia de Dios y del Dios de la iglesia.

¿Trato hecho...?

¿HORTALIZAS O ÁRBOLES?

Lectura: Mateo 13:31-32

Concuerdo con las palabras dichas por un pastor colega en la inauguración de una de nuestras iglesias en el pueblo de Humacao. Él afirmaba que ninguna empresa, organización, institución o iglesia que hoy en día es grande comenzó siendo grande. Esto es muy cierto. Todo lo que hoy es grande comenzó alguna vez siendo pequeño.

Ciertamente una de las enseñanzas más trascendentales de la parábola de la semilla de mostaza es precisamente que el Reino de los Cielos bajo el Nuevo Pacto comenzó con una divina y poderosa semilla. Una semilla que vino a nosotros directamente desde la diestra del Padre, se hizo hombre igual a nosotros y voluntariamente se entregó por nosotros en una cruz en pago por nuestros pecados.

Esta semilla fue sepultada y enterrada, y en un término de tres días germinó. Aquella semilla celestial que por gracia de Dios fue depositada en las entrañas de la Tierra, se levantó de entre los muertos, dando paso a un reino que jamás será desarraigado, pues sus raíces no están en la tierra, donde cualquiera pudiera arrancarlas, sino que están cimentadas por siempre en y desde el mismo trono de Dios.

Pero, como indiqué al principio, ésta es sólo una de las enseñanzas que la parábola de la semilla de mostaza nos ofrece. A medida que leemos este pasaje, podemos darnos cuenta de que la parábola de la semilla de mostaza contiene aún otras grandes y poderosas enseñanzas para nosotros. Veamos con detenimiento cuáles pudieran ser algunas de esas otras enseñanzas.

En primer lugar, notemos cómo el pasaje de Mateo 13:31-32 destaca que una de las características especiales de la semilla de mostaza es su diminuto tamaño. De hecho, una semilla de mostaza es tan pequeña como la marca de la punta de un lápiz sobre el papel.

Hace un momento mencionamos el hecho irrefutable de que el Reino de los Cielos bajo el Nuevo Pacto comenzó con Jesús. Esta sola semilla comenzó produciendo otras 12. Ese número aumentó a 82, con la misión de los 70 (Lucas 10). El número llegó a 120 al momento de Pentecostés, según registra Hechos 2. No obstante, ese mismo día el número de semillas creció a 3,120. Y así, sucesivamente hasta los millones y millones de almas salvadas por la predicación del Evangelio de Cristo a través de los siglos.

Ciertamente el Reino de los Cielos bajo el Nuevo Pacto es grande.

Sin embargo, se nos olvida un pequeño gran detalle: **El Reino de los Cielos ya era grande antes de que Cristo viniera al mundo**. ¿De qué estamos hablando entonces? Estamos hablando de que fue la *manifestación* de Reino de los Cielos *en la tierra* lo que comenzó como algo pequeño.

Este comienzo estuvo garantizado con la mejor de todas las semillas, es decir, Jesús. Es por esa semilla que se manifestó en el mundo el poder y la grandeza del Reino de los Cielos. Colosenses 2:9 nos declara:

"Porque en él habita corporalmente toda la plenitud de la Deidad". (RV).

El Apóstol Juan nos testifica al comienzo de su evangelio que ellos "vieron su gloria, gloria como la del unigénito del Padre, lleno de gracia y de verdad". (Juan 1:14). Por tanto, Jesús fue la manifestación visible en el mundo del Reino de los Cielos que ya existía desde la eternidad.

Ahora bien, ¿qué tiene que ver todo esto con nosotros? Cuando recibimos a Cristo como Señor y Salvador de nuestras vidas, recibimos también la encomienda de llevar este evangelio a toda criatura (Marcos 16:15). El efecto inmediato de esta obra es que nosotros también nos convertimos en semillas del Reino. Desde luego, nos convertimos en semillas muy peculiares.

- Nos convertimos en semillas que reflejan la grandeza del Reino de los Cielos aquí en la tierra.
- Somos el reflejo de esa primera semilla que manifestó la grandeza existente y eterna del Reino de los Cielos.

Preguntémonos por un momento, ¿soy reflejo de la grandeza del reino de los Cielos? Si no lo soy, ¿qué me pasa? ¿Qué me lo impide?

Debemos, entonces, considerar las siguientes características que deben tener las semillas del Reino:

1. **Para reflejar la grandeza del Reino de los Cielos, debo parecerme a la primera semilla.**

No es posible tener los mismos resultados si no está en nosotros esa primera esencia de la primera semilla. Si no nos parecemos a Jesús, no reflejaremos la grandeza del Reino.

Este parecido a la primera semilla es cada vez más posible si procuramos vivir en la obediencia, santidad y compromiso que demostró Jesús cuando vivió entre nosotros.

Para ser verdaderas semilla del Reino debemos querer parecernos a Jesús.

2. La semilla crece desde la tierra hacia fuera porque busca la luz.

La luz es un elemento esencial en el crecimiento de la planta. Podemos sembrar una semilla en buena tierra, regarla a diario y procurar cuidarla, pero si no recibe luz, la semilla se pudrirá en la tierra. Toda planta necesita de la luz para poder crecer.

Por medio de la luz se produce en la planta un proceso químico llamado *fotosíntesis*. La fotosíntesis es el proceso por el cual la planta convierte los nutrientes que obtiene del suelo, del agua y de la misma semilla en una sustancia verde llamada *clorofila*. La clorofila es la esencia, la sangre y la vida de la planta.

La relación de todo este proceso para con nosotros como semillas del Reino de los Cielos está claramente establecida. Jesús mismo nos declara en Juan 8:12: *"Yo soy la luz del mundo".* Es por esa razón que se hace necesario buscar la luz. La verdadera luz. La luz que vino al mundo. Es necesario buscar la luz de Cristo. Es necesario buscar al Cristo de la luz. De esa manera Su esencia, Su sangre y Su vida estarán en nosotros. Por tanto:

-   Si Su esencia, Su sangre y Su vida está en nosotros, entonces seremos semillas que nos pareceremos a esa primera semilla.

- Y si nos parecemos a esa primera semilla del Reino de los Cielos, que es Cristo, entonces seremos, igualmente con Cristo, reflejos de la grandeza del Reino de los Cielos en la tierra.

¿No le parece esto realmente grandioso?

Ahora bien, todavía hay otras enseñanzas de la parábola de la semilla de mostaza que debemos considerar. La expresión *"cuando ha crecido"* de Mateo 13:32 denota ese nivel de crecimiento que se espera que tengamos cuando:

- Hemos buscado la luz para crecer.
- Nos parecemos a la primera semilla.
- Reflejamos la grandeza del Reino de los Cielos.

Sin embargo, debemos entender que este crecimiento tiene una razón de ser. Un propósito. Ese propósito lo vemos referido por el mismo Jesús en ese mismo versículo. El texto declara que cuando esa semilla ha producido una planta y ha crecido, finalmente logra convertirse en la mayor de las hortalizas.

Es en este instante donde me surge una importante pregunta. Una pregunta que se proyecta hacia la verdadera razón de ser de este crecimiento. La pregunta es: ¿Por qué "hortaliza"? ¿Por qué no "árbol"?

Para dar contestación a esa pregunta, es necesario primeramente definir el término "hortaliza". Cuando busco una definición, encuentro que el término "hortaliza" lo que significa básicamente es un conjunto de plantas cultivadas en **huertos**. Tomemos, entonces, esta definición y llevémosla a la aplicación práctica de la parábola de la semilla de mostaza.

Cuando hemos logrado convertirnos en "la mayor de las hortalizas" es porque todas y cada una de las semillas que hemos buscado la luz, que hemos procurado parecernos a Cristo y que reflejamos en nuestra vida la grandeza del reino de los Cielos, lo hemos logrado porque hemos sido cultivados en el Huerto de Dios.

Ese huerto es un lugar especialmente preparado por Dios para que:

- Cada semilla que se plante encuentre la luz que necesita para crecer.
- Cada semilla pueda parecerse a la primera semilla, que es Cristo.
- Cada semilla pueda experimentar la grandeza del Reino de los Cielos aquí en la tierra.

¿Sabe usted cuál es ese lugar? ¿Ese Huerto de Dios? ¡La iglesia, por supuesto!! Es esa la razón por la cual Jesús pudo establecer que seríamos la mayor de las hortalizas.

Cada semilla que crece en conjunto con otras semillas similares en cada huerto está estableciendo la institución más poderosa sobre la faz de esta tierra: La Iglesia de Cristo. Tan poderosa es, que la misma Palabra de Dios declara que *"ni las puertas del Hades prevalecerán contra ella"*. (Mateo 16:18).

El poder de la Iglesia de Cristo radica precisamente en Cristo mismo, porque Cristo mismo es "el árbol de la vida que está en medio del huerto" (Génesis 2:9). Cristo está en Su huerto. Cristo está en Su iglesia.

Son realmente extraordinarias las enseñanzas que nos brinda la parábola de la semilla de mostaza para nuestra vida. Pero, ¿sabía usted que todavía nos falta considerar una enseñanza adicional?

Volvamos nuevamente a Mateo 13:32. El texto nos indica que las aves del cielo vienen y hacen nido en sus ramas. Sin embargo, hay una expresión anterior a esta declaración que llamó poderosamente mi atención. La expresión es *"y se hace árbol".*

Note algo muy interesante. La expresión no está estableciendo que es Dios quien convierte esta gran hortaliza en un árbol.

La expresión está implicando:

- Una voluntad de ser que es propia de la hortaliza del huerto.
- Una voluntad de ser que es característica de la verdadera Iglesia de Cristo.
- Una voluntad de unidad total.

La expresión *"y se hace árbol"* está demostrando el deseo de la hortaliza del Huerto de Dios de no crecer como plantas individuales. Está demostrando el deseo de la hortaliza de <u>compactarse</u> como un solo cuerpo. Como un solo árbol. Está demostrando el deseo de la Iglesia de Cristo de obedecer y someterse al deseo del Cristo de la Iglesia. Un deseo de unidad y amor. Unidad en Cristo y entre los hermanos.

¿Cuál es el propósito que Dios tiene al procurar que Su Iglesia se una como un solo árbol?

- Para que finalmente esas aves del cielo que andan perdidas, sin rumbo, sin dirección y sin un lugar donde descansar, puedan encontrar el rumbo, la dirección y el descanso que necesitan.
- Para que esas almas que andan sin Dios y sin esperanza puedan encontrar al fin un lugar donde establecer sus nidos y quedarse a descansar para siempre.
- Descansar del tormento que causa el pecado en sus vidas. Donde puedan dar muerte a una vida miserable y puedan resurgir como

semillas que, igual a nosotros, puedan reflejar la grandeza del Reino de los Cielos.

El propósito de Dios es claro:

- No basta con ser semilla.
- Es necesario crecer.
- Pero es necesario crecer buscando la luz de Cristo. Solo así lograremos parecernos al Cristo de la luz.
- Una vez crecemos, es necesario permanecer como parte de la mayor de las hortalizas. El Huerto de Dios. La Iglesia de Cristo.
- Solo así seremos reflejo de la grandeza del reino de los Cielos, del Cristo de la Iglesia y del Dios del Huerto.
- Al permanecer en la Iglesia de Cristo, es necesario que nuestra voluntad sea la unidad total con Dios y entre los hermanos, para que podamos compactarnos en uno, y que de esa manera las aves que necesitan hacer nido en nuestras ramas puedan acercarse, morir al pecado y renacer como semillas nuevas en Cristo, a fin de que también puedan ser reflejo de la grandeza del Reino de los Cielos.

Semilla, hortaliza y árbol. Ese es el plan de Dios. Sembremos. Permanezcamos en la hortaliza. Unámonos como un solo pueblo. Como una verdadera iglesia. Como la más grande de las hortalizas. Como un solo árbol. Como ambas cosas...

PAPÁ REPARA LAS COSAS

Lectura: Efesios 5:8-14

En un encuentro familiar, le preguntaron a un hombre cómo describía su relación con su padre. Para contestar esa pregunta, el hombre hizo referencia a una experiencia que marcó su vida para siempre.

"Papá siempre estaba reparando cosas. Yo lo ayudaba. Mi tarea no era reparar nada, yo simplemente sostenía la linterna. Con el tiempo, desarrollé un "talento" extraordinario en el manejo de la luz. Sostenía la linterna con tal precisión que difícilmente mi padre perdía algún detalle de lo que estaba reparando. Conocía todos sus movimientos, de tal forma que podía anticiparme a cada movimiento y alumbrar el área de trabajo sin que la luz fuera bloqueada. Parecía un baile perfectamente sincronizado y coordinado".

Cuando venimos a Cristo, somos transformados por Su sangre. En ese momento, somos rescatados de un reino de tinieblas y oscuridad y pasamos a un reino lleno de luz y verdad. En ese sentido, la luz de Dios ha jugado un papel importante en la transformación de nuestras vidas. Naturalmente, si nuestras vidas han sido transformadas por la luz es, precisamente, porque Cristo es luz.

Por tanto, hemos sido transformados por la luz de Cristo y por el Cristo de la luz. Podemos decir, entonces, que la luz es un sinónimo de poder. Un poder que:

- Destruye las tinieblas.
- Acaba con los temores a la oscuridad.
- Vence la ignorancia.
- Previene accidentes en nuestro camino.

Por tanto, tener luz es tener poder. Eso explica por qué, cuando tenemos a Cristo, tenemos poder. Con Cristo, la luz del mundo, (Juan 8:12), somos más que vencedores (Romanos 8:37).

Ahora bien, surgen en este momento unas preguntas que me gustaría considerar "a la luz" de lo que hemos mencionado hasta ahora.

- Si la luz destruye las tinieblas, ¿cómo la luz puede crear una distinción entre la claridad y la oscuridad?
- ¿Cómo la luz puede transformarnos?
- ¿Qué sucede con nosotros, una vez somos transformados por la luz?

¿Cómo podemos contestar estas preguntas "a la luz" de lo que nos dice este pasaje? Comenzaremos por entender que estas 3 preguntas nos presentan 3 características importantes de la luz en términos de su interacción con nosotros.

Estas 3 características son:

1. La luz lo manifiesta todo.

Cuentan que, en una ocasión, existió debajo de la tierra una caverna. Toda su vida había permanecido en oscuridad.

Un día el sol llama a la caverna y la invita a que descubra lo que es la luz. La caverna no entendía lo que el sol le decía, pues nunca imaginó algo diferente a la oscuridad. No obstante, la caverna se armó de valor y subió para ver la luz. Al verla, quedó sorprendida. Nunca imaginó que la luz fuera tan hermosa.

En ese momento, la caverna invitó al sol a que viera la oscuridad. El sol, que no sabía lo que era la oscuridad, se animó igualmente, y descendió a ver la oscuridad de la caverna.

Mientras descendían juntos, la caverna le pregunta al sol: "¿Ves mi oscuridad?".

"¿Qué oscuridad?", - preguntó a su vez el sol.

"Esta, ¿no la ves?", - insistió la caverna. "¿Cuál?" - repitió el sol.

El diálogo entre ambos no pasó de ser el mismo durante todo su recorrido. La caverna insistía en mostrar la oscuridad y el sol nunca pudo ver lo que era la oscuridad.

La verdad es que la luz no hace distinción entre la claridad y la oscuridad. Lo que realmente sucede es que la oscuridad es, simplemente, ausencia de luz. Una vez la luz llega, la oscuridad no se distingue, no se aprecia. Simplemente huye. Desaparece.

Por eso el apóstol Pablo parece indicarnos en Efesios 5:8 que no existe un estado medio entre la luz y la oscuridad. Pablo nos hace ver que, una vez pasamos al reinado de la luz, las tinieblas dejan de existir. Donde hay luz, nada queda en oscuridad. La luz lo manifiesta todo. (Efesios 5:13).

Contestando la primera pregunta, podemos decir que para la luz no hay distinción entre la oscuridad y la claridad. Simplemente, en presencia de la luz, la oscuridad no existe.

2. Cristo es la luz con la que El Padre nos arregla.

La ilustración que utilizamos al principio parece contestarnos la segunda pregunta.

Si el padre podía reparar las cosas era, en gran medida, porque la luz que el hijo le proporcionaba le permitía ver lo que necesitaba ser reparado. Sin luz no es posible que se manifieste lo dañado.

Es por eso que Cristo es la luz del mundo.

- Cristo es la luz que pone de manifiesto ante el Padre el daño por el pecado del cual necesitamos ser reparados.
- Cristo exhibe bajo el foco radiante de la cruz todo aquello que descompuso nuestra relación con el Creador.
- Cristo es la luz con la que El Padre nos arregla.

Es por eso que la luz nos transforma. Nuestra transformación en Cristo es un trabajo divino, un trabajo que solamente Dios puede lograr. Para ello, El Hijo arroja luz sobre nosotros. Su sangre se derrama sobre nuestra vida. Es entonces que El Padre, con esa sangre, con esa luz, repara todo aquello que el pecado dañó en nuestra relación con Él, nos justifica y nos coloca en la dirección correcta hacia la salvación. Ahora, por medio de la luz, podemos caminar seguramente hacia la meta, que es en Cristo Jesús.

Luego de esta reparación, estamos listos para la próxima etapa. Estamos preparados para contestar la tercera pregunta.

3. Dios nos usa como luz.

Es lógico pensar que cuando el padre reparaba las cosas, y el hijo le ayudaba alumbrando con la linterna, era con un propósito definido. El propósito de reparar lo dañado era para que ese artefacto, máquina, auto o electrodoméstico funcionara para beneficio de sus dueños.

No me extraña que ese sea el mismo propósito de Dios cuando nos repara. No podemos perder de perspectiva que todo lo que Dios hace tiene un propósito. Y ese propósito de Dios, como hemos mencionado en otras ocasiones, es un propósito bueno, agradable y perfecto.

Cuando consideramos la tercera pregunta que formulamos al principio, podemos comenzar a ver en este punto cómo se desdobla ante nuestros ojos el propósito de Dios al repararnos.

En primer lugar, como menciona Pablo en este pasaje, pasamos de ser hijos de las tinieblas y nos convertimos en hijos de la luz. Ya no hay oscuridad en nosotros. Ha desaparecido. En la presencia de Dios hay abundancia de luz. Cristo es la luz, por tanto, ya no hay tinieblas.

Debido a la ausencia de la luz de Cristo en nosotros, hemos tropezado tanto al caminar en oscuridad que en un momento determinado quedamos dañados y sin posibilidad de funcionar correctamente. Luego, gracias a la presencia de la luz y de la sangre de Cristo derramada sobre nosotros, nuestra relación con El Padre ha sido puesta en evidencia. Se ha descubierto todo aquello que nos impedía funcionar adecuadamente en una relación estrecha con Dios. Entonces, gracias a la luz de Cristo, El Padre repara los daños en nuestra comunión con Él, causados por el pecado y por caminar en tinieblas.

Eso solamente quiere decir una cosa: Ahora servimos. Hemos sido reparados, y si hemos sido reparados ha sido con el propósito de que funcionemos.

Lo interesante de esta reparación y funcionamiento, según el apóstol Pablo, es que se refleja, o es notable en nosotros, por la manifestación del fruto del Espíritu.

Noten ustedes que, para el apóstol Pablo, la evidencia de nuestro andar en la luz es igual que manifestar la bondad, la justicia y la verdad. (Efesios 5:9).

Estas 3 características son propias de una persona que:

- Ha sido iluminada con la luz de Cristo.
- Ha sido reparada por El Padre.
- Funciona para el propósito por el que fue reparada.

Efesios 5:10 nos dice claramente que esa manifestación del fruto del Espíritu en una persona que ha sido reparada por El Padre, mediante la luz y la sangre de Cristo, es la forma de comprobar ese propósito agradable.

Por eso es que Pablo nos exhorta a que andemos como hijos de luz. Si estamos en luz, las tinieblas y sus obras deben estar ausentes de nosotros.

Nosotros, como hijos de luz,

- No solamente andamos en la luz, sino que no andamos en oscuridad.
- No solamente practicamos la bondad, la justicia y la verdad, sino que rechazamos, y no practicamos la maldad, la injusticia y la mentira.

Todo esto, a su vez, cumple con otro propósito del Padre que repara las cosas. Si ya no andamos en tinieblas, si la luz de Cristo está en nosotros, y si hemos sido reparados por El Padre para cumplir con los propósitos de nuestra reparación, ha sido para que las obras del Padre se manifiesten en nosotros. Ha sido para que demostremos a otros que El Padre también puede repararlos.

El propósito de Dios no se ha limitado a reparar los daños causados por el pecado, o restaurar en nosotros el funcionamiento adecuado para caminar correctamente en la luz, sino que, por medio de la manifestación de la luz en nosotros, somos convertidos igualmente en luz de Dios.

- La luz ha sido derramada sobre nosotros.
- Dios ha hecho la reparación necesaria.
- Ahora servimos.
- Ahora funcionamos adecuadamente.
- Ahora somos la evidencia al resto del mundo de cómo Dios puede reparar la vida de aquellos que están en la oscuridad.

Pero para eso, El Padre necesita que sus hijos lo ayuden a sostener la luz. Por eso, el mismo Jesús nos dice, en Mateo 5:14, *"vosotros sois la luz del mundo".* Somos la luz del mundo, porque Cristo lo dice, y porque somos la mejor evidencia de lo que la luz puede hacer por aquellos que están en tinieblas.

En ese sentido, la ilustración del hijo con su padre también es una perfecta ilustración de nuestra relación con nuestro Padre Celestial.

Nuestro Dios Todopoderoso es quien sigue reparando las cosas. Yo sigo sosteniendo la luz.

Él lo hace. Yo lo ayudo.

¿Quieres tú también ayudar?

LA HISTORIA COMPLETA

Lectura: Colosenses 1:15-20

Hemos escuchado muchísimas veces, a muchísimas personas y en muchísimos lugares la triste declaración de que este mundo está perdido. Hay un refrán que dice: "Esto no lo arregla ni el médico chino". En fin, el panorama del mundo en general usualmente lo pintamos como catastrófico, caótico y sin remedio.

Este pensamiento, sin embargo, no es un pensamiento nuevo. Yo diría que desde siempre, y en todas las generaciones, ha existido esta clase de pensamiento. De hecho, cuando el apóstol Pablo escribe esta carta a los colosenses, existía un pensamiento popular generalizado, el cual afirmaba entre otras cosas, que todo el universo material era malo en su esencia, y que esta maldad no tenía remedio. Este era el pensamiento filosófico griego de la época.

Por tanto, cuando Pablo, inspirado por el Espíritu Santo de Dios, nos escribe diciendo que en Cristo son reconciliadas todas las cosas, está estableciendo una verdad maravillosa y gloriosa.

Está estableciendo:

- Que este mundo no está perdido.
- Que hay reconciliación con Dios para el mundo.

- Que, por cuanto hay reconciliación con Dios para el mundo, la posibilidad real de verdadera salvación, la posibilidad real de vivir vidas santificadas y la posibilidad real de ser verdaderamente bendecidos está al alcance de todos.

No me malinterprete. No he dicho que este mundo está libre de pecado. No he dicho que el pecado ha dejado de existir. Eso, evidentemente no ha ocurrido todavía. De hecho, Pablo tampoco está negando esta realidad. No obstante, cuando el apóstol Pablo destaca que todas las cosas han sido reconciliadas en Cristo, lo que está afirmando es aquello que él también afirma en Romanos 5:20-21:

"Pero la ley se introdujo para que el pecado abundase; mas cuando el pecado abundó, sobreabundó la gracia; para que así como el pecado reinó para muerte, así también la gracia reine por la justicia para vida eterna mediante Jesucristo, Señor nuestro". (RV).

Noten ustedes que Pablo no da por terminado el reinado del pecado en la tierra. Más bien establece que, en adición a este reinado de pecado, la gracia de Dios ha abierto otra realidad. Otra posibilidad. La realidad de que, aún en un mundo donde reina el pecado, es absolutamente posible alcanzar salvación, bendición y vida eterna por la gracia de Dios y el sacrificio de Cristo en la cruz del Calvario.

No obstante, Pablo tampoco está haciendo una afirmación novedosa. Esta no es una nueva forma de ver las cosas dentro del panorama de Dios. Pablo está afirmando un concepto que es real y operante desde la misma creación. En Génesis 1:2 la Biblia declara que, aunque la tierra estaba desordenada y vacía, *"el Espíritu de Dios se movía sobre la faz de las aguas"*. Noten ustedes que, aún en medio del desorden en todas las cosas, Dios se movía en medio de ellas.

Dios siempre ha estado presente en Su creación. Entonces, si Dios ha reconciliado todas las cosas en Jesucristo, lo que hizo fue reafirmar en toda Su creación Su deseo de que todo lo creado venga a paz con su Creador. Colosenses 1:20 nos declara que, de esta forma, Dios logró la paz mediante la sangre de su cruz (refiriéndose aquí a Cristo). Una vez más Dios demuestra Su gran amor por todos nosotros, haciendo y recordando que la salvación de Dios es totalmente posible de alcanzar en este mundo.

¿Por qué insisto en utilizar el término "creación"? ¿Por qué no limito este efecto reconciliador en la humanidad solamente? Porque el pasaje de Colosenses 1:15-20 nos indica que esta reconciliación de Dios fue hecha *"en todas las cosas"*. Eso explica para mí el hecho de que, aún cuando en el mundo reina el pecado, todavía hay vida en este mundo. Todavía hay cosas hermosas en la Creación que podemos admirar.

Una flor, una nuevo amanecer, una puesta del sol adornada de multicolores, la elegancia del varón, la belleza de la mujer, el océano tan imponente y majestuoso, la lluvia, la poesía, la música. Son muchas las cosas de este mundo que me dicen que Dios es real, que existe y que está en Su creación.

Todo esto me hace pensar en varios aspectos que debemos considerar cuando la Palabra de Dios afirma que Dios reconcilió en Su Hijo Jesucristo todas las cosas.

El primer aspecto que debemos considerar es nuestra percepción del mundo. Muchos piensan que el mundo está perdido, que está lleno de maldad, que no sirve. Por esa razón, mucha gente vive menospreciando al mundo. Sin embargo, vivir menospreciando al mundo porque exista el pecado es una contradicción existencial para todos aquellos que decimos adorar a Dios. Menospreciar la creación porque existe el pecado es hacer ley por la excepción y no por la regla.

El pasaje de Colosenses 1:15-20 nos está diciendo que, aunque hay pecado en el mundo, en Cristo todas las cosas son reconciliadas. Habrá pecado en el mundo, pero el mundo es de Dios. El mismo Cristo nos dice en Mateo 28:18 que toda potestad le es dada en el cielo y en la tierra. Por tanto, en el mundo hay pecado, pero en el mundo manda Cristo.

Por otra parte, no es posible adorar a Dios y menospreciar Su creación. Ahora bien, menospreciar la creación de Dios no significa únicamente que no tengamos una conciencia ambientalista. Eso es bueno. Debemos conservar los recursos naturales para las futuras generaciones. Pero además esto significa que no podemos hacer acepción de personas. Todas las personas son también creación de Dios. Es por eso que Dios nos pide que amemos al prójimo. Como ya dije, no es posible adorar a Dios y menospreciar Su creación.

Ahora bien, hay un segundo aspecto que deseo considerar. Este segundo aspecto es realmente abarcador. Este segundo aspecto trata directamente con los efectos de la reconciliación. Para ello, sería necesario preguntarnos, ¿por qué Dios quiso reconciliar en la cruz de Cristo todas las cosas? Simple y sencillamente porque ése es el verdadero propósito de Cristo al venir a este mundo. Decir que Cristo vino únicamente a pagar con Su sangre el precio de nuestro pecado es dejar el propósito de Dios incompleto.

Ciertamente Cristo llevó nuestro pecado en la cruz, y todo aquel que acepte este sacrificio de Cristo recibe perdón de sus pecados. Pero el propósito de Dios es mucho más amplio e integral, porque no se trata solamente del aspecto espiritual del hombre, sino de todos los aspectos de la vida del hombre.

Cristo no vino solamente a salvar el alma. Vino a cambiar toda la vida. Dios ha reconciliado en Cristo todas las cosas, no solamente el aspecto espiritual del hombre.

En Cristo es posible vivir plenamente también en el aspecto intelectual, social y físico. Lucas 2:52 muestra a Jesús como el modelo de vida integral para el hombre. Así como Cristo fue ejemplo para nosotros en todos los aspectos de la vida, así mismo Dios reconcilia en Él todas las cosas para que nosotros podamos crecer y vivir también una vida plena en todos los aspectos de nuestra vida.

¡De eso se trata!! La vida del hombre puede ser plena, completa y totalmente bendecida en todas las áreas de su vida porque:

- Aún cuando el pecado abunda, sobreabunda la gracia.
- Aún cuando en el mundo hay caos, el Espíritu de Dios se mueve y está presente.
- Aún cuando en el mundo reina la maldad, Dios ha reconciliado en Cristo todas las cosas.

Usted me dirá: "Pastor, si esto es así, ¿por qué la gente sigue alejada de Dios? ¿Por qué la gente vive de espaldas a esta hermosa realidad? Todo esto es muy bueno como para que la gente no lo quiera".

Yo le contestaría: "Porque la culpa la tenemos nosotros". ¿Será esto cierto? ¿Cómo es posible?

La culpa la tenemos nosotros porque no estamos predicando la historia completa. Nosotros estamos presentando el sacrificio de Cristo a la humanidad únicamente para perdón de pecados. Y la cruz de Cristo no es solamente para perdón de pecados. En Cristo y la cruz se reconcilian todas las cosas.

Por eso mucha gente ha visto el sacrificio de Cristo como algo que sólo tendría sentido en un futuro. La gente piensa que no necesita del perdón de pecados. De hecho, muchos no saben lo que realmente significa la palabra "pecado". Para ellos, ese asunto no es necesario considerarlo en un presente. Con pecado o sin pecado, ellos piensan que lo tienen todo. Viven muy bien. Tienen una hermosa familia. Nunca les ha hecho falta perdón de sus pecados para estudiar en la universidad, tener un buen empleo, tener dinero, fama y propiedades. ¿Para qué les sirve Cristo y el perdón de sus pecados si su historia parece ser muy buena?

De eso se trata, precisamente. La reconciliación de todas las cosas en Cristo es un asunto de historia. La reconciliación de todas las cosas en Cristo es la historia completa. Por tanto, debemos cubrir toda la historia del hombre con toda la historia de Dios.

Recuerdo una ilustración relacionada a este pensamiento que compartí con la congregación en una ocasión. Para ello, dibujé la figura de un hombre en un pedazo de papel. Tomé un Nuevo Testamento, que por lo general es de un tamaño más pequeño que el papel en el que dibujé al hombre. Inmediatamente metí el papel dentro del Nuevo Testamento. Evidentemente, hubo partes del "hombre" que no quedaron totalmente cubiertas con el Nuevo Testamento.

Lo que pretendía enseñar a la congregación era que no podemos pretender cubrir toda la historia de un hombre con tan sólo una parte de la historia de Dios. Para cubrir la totalidad de la vida del hombre es preciso cubrirlo con toda la historia de Dios. Con todo Su propósito. Con la reconciliación de todas las cosas en Cristo.

Es por eso que, luego de esta demostración con el Nuevo Testamento, tomé una Biblia, obviamente de mayor tamaño que el Nuevo Testamento. Cuando introduje el dibujo del hombre en la Biblia, el "hombre" quedó totalmente cubierto.

Esta ilustración me sirvió para demostrar varias cosas:

1. La historia de Dios con el hombre no se limita al nacimiento, vida, muerte y resurrección de Cristo.

2. El propósito de la historia de Dios con el hombre no se limita únicamente a un plan para perdón de pecados.
3. La historia de Dios con el hombre no se limita al Nuevo Testamento.
4. La historia completa de Dios es **la Biblia completa.**

La historia completa de Dios con el hombre es:

- Primero, El lo creó.
- Él le dio todas las cosas.
- El hombre las perdió a causa del pecado.
- Dios reconcilia todas las cosas en Cristo Jesús y...
- Ahora el hombre puede tener una historia completa, bendecida y eterna si hace la historia completa de Dios completamente suya.

Pero contar la historia completa nos corresponde a nosotros. No estamos menospreciando el sacrificio de Cristo como algo que por sí sólo no es capaz de restaurar la vida del hombre. Todo lo contrario. Estamos afirmando que el sacrificio de Cristo considera mucho más de lo que hemos pensado. Estamos afirmando que la historia de Dios es mucho más completa de lo que la hemos predicado hasta ahora. Lo que no podemos hacer es separar solo una parte de la historia de Dios con el hombre para tratar de convencer al hombre de que necesita a Dios en toda su historia.

El plan de salvación no se limita a redimir al hombre de pecado. El verdadero plan de salvación es que Dios reconcilió en Cristo todas las cosas. Toda la creación. A todos los hombres y todas las cosas del hombre. En Cristo es posible ser salvos. Salvos en todas las áreas de la vida. Salvos en toda nuestra historia.

La historia del hombre no se limita a lo que pueda conseguir, lo que pueda estudiar, lo que gane o lo que tenga. Todo lo que el hombre pueda conseguir no sirve para reconciliarlo con Dios. De todas formas, nada de lo que tiene el hombre le pertenece. La Palabra de Dios nos dice que *"de Jehová es la tierra y su plenitud, el mundo y los que en él habitan".* (Salmo 24:1).

La historia del hombre abarca todo aquello que lo relacione con el Creador de su historia. Por tanto, la historia del hombre no es nada, si su historia no es la historia de Dios, y si Dios no está en su historia. Nuestro mensaje a la humanidad debe ser que la vida del hombre sin Dios no ha sido nada, la vida del hombre sin Dios no es nada, y la vida del hombre sin Dios no será nada, a menos que la historia completa de Dios cubra la historia completa del hombre.

Esto ha sido absolutamente posible ayer y hoy, y será absolutamente posible mañana porque en Cristo son reconciliadas todas las cosas.

Todos los hombres. Y toda la historia...

EL OFICIO DEL SEMBRADOR

Lectura: Marcos 4:1-11ª

Soy un verdadero fanático de los Evangelios por una razón muy particular y especial: Los Evangelios hablan de Jesús. ¡Y a mí me encanta hablar de Jesús!! Yo siempre he dicho que la vida de Jesús en la Tierra tuvo un propósito claro y definido: Enseñarnos. Todo lo que Jesús decía y todo lo que Jesús hacía era con la intención de dejar para nosotros una enseñanza. ¡No por nada le llamaban El Maestro!

En esta ocasión vemos que Jesús le relata una parábola al pueblo. Esta era la forma favorita de Jesús para traer una enseñanza. Sin embargo, hay un detalle en este pasaje que me llamó mucho la atención. Esta parábola es tal vez la única de las parábolas que Jesús explica con lujo de detalles. ¿Por qué? ¿Se ha preguntado usted eso antes?

Si bien Jesús declaraba todo a sus discípulos (ver Marcos 4:34), la importancia de que esta parábola apareciera explicada en este pasaje responde a que las enseñanzas de esta parábola eran, tanto para los discípulos en aquel tiempo, como para nosotros hoy. Jesús interpretó esta parábola a sus discípulos porque la misma tenía que ver total y directamente con el llamado que ellos recibieron como sus discípulos.

Pero a su vez, permitió que esta interpretación apareciera escrita para que llegara hasta nosotros. Esto responde a la realidad de que tanto ellos en aquel tiempo, como nosotros hoy, tenemos asignada la tarea de ser sembradores del Evangelio. Con esto en mente, vamos a escudriñar algunas de las enseñanzas que esta parábola tiene para nosotros.

En primer lugar, vamos a dividir nuestra tarea en 2 aspectos fundamentales. Vamos a identificar las cualidades que se destacan de cada terreno que nosotros debemos observar en nuestro carácter de sembradores. Esto lo vamos a hacer considerando el principio de que nosotros somos terreno y sembrador al mismo tiempo.

En adición, vamos a destacar verdades bíblicas relacionadas con nuestro oficio de Sembradores del Evangelio.

1. El Camino

Este terreno tiene la cualidad de ser extremadamente duro. Por tanto, se vuelve impenetrable ante cualquier semilla que pretenda penetrar en él.

En nuestro análisis, esto es indicativo de que existe o domina en nosotros una actitud a endurecernos, ya sea de manera consciente o inconsciente, ante las cosas con las que nos encontramos en nuestra interacción con la vida.

Es una cuestión de actitud que nos lleva a colocar sobre nosotros una coraza o armadura para escondernos, o para resistir de alguna forma los embates y pisotones de los que transitan sobre nosotros. Desde luego, en nuestra relación con Dios, sea como terreno o como sembradores, también nos sucede lo mismo.

A veces nosotros endurecemos nuestro terreno y nos resistimos cuando la voluntad de Dios desea depositarse o penetrar en nosotros. Y generalmente lo hacemos cuando esa voluntad de Dios no parece ser una "agradable" para nosotros. Sin embargo, cuando resistimos esta voluntad de Dios para nosotros, estamos olvidando lo que nos dice la Palabra en Romanos 12:2. Si resistimos la voluntad de Dios, su llamado a nuestra vida y su mandato de ser sembradores no seremos capaces de comprobar que *"Su voluntad es siempre agradable y perfecta".*

Ahora le pregunto, ¿tiene remedio este terreno? ¡Claro que sí!!! Debemos ser dóciles ante la voluntad de Dios y Su llamado a ser sembradores y seguir el consejo que nos da el Salmo 95:7-8:

"Si oyeres hoy su voz, no endurezcáis vuestro corazón".

Si vamos a poner sobre nosotros una armadura, que sea la armadura de Dios para resistir al enemigo. (Efesios 6). Que sea para realizar más eficazmente nuestra tarea y no para escondernos de ella.

2. Pedregales

Este terreno no era precisamente un montón de piedras. Como bien describe Marcos 4:5, este terreno era uno donde la capa de tierra donde se podía sembrar era escasa, era muy poco profunda. ¿De qué estamos hablando? Consideramos en este caso el elemento de la profundidad.

A veces nuestra relación con Dios es tan superficial que nos falta la profundidad necesaria para poder ser sembradores eficaces. A pesar de esta deficiencia, este terreno tiene posibilidades de rendir frutos. ¡Por supuesto que tiene posibilidades!! De hecho, el pasaje demuestra que dio fruto. Sin embargo, la poca profundidad del terreno no ayudó a que ese fruto prosperara. Y si a eso le sumamos las condiciones negativas que enfrentó ese fruto, (el sol), tenemos tristemente el resultado catastrófico que tuvo esta planta.

Ahora bien, debemos considerar que estas condiciones negativas las enfrentan todos los terrenos, ¿cierto? A todos nos azota el sol, la lluvia y las preocupaciones de la vida.

Sin embargo, aún cuando tenemos posibilidades de dar fruto, nuestras raíces se secan por la falta de profundidad en nuestra relación con Dios. Ahora le pregunto, ¿tiene remedio este terreno? ¡Claro que sí!!!

Debemos procurar, como Sembradores del Evangelio de Dios, profundizar nuestra relación con el Dios del Evangelio. Una relación más profunda con cualquier persona nos permitirá hablar mejor y con más argumentos que otra persona que solamente la conoce de orilla. Sucede lo mismo en nuestra relación con Dios. Tener una relación más profunda con Dios nos permitirá ser más eficaces en nuestra tarea. Seremos mejores exponentes. Nos convertiremos en Sembradores Especialistas.

¿Por qué estudia el que estudia? Para tener un mejor dominio de la materia. Y mientras más estudia, más domina la materia. Esa es la relación que quiere Dios con nosotros. Una relación profunda, íntima, no de orilla. Una relación más y más profunda cada vez.

3. Espinos

Cuando hablamos de este terreno, no estamos hablando de una enredadera de espinos ni nada parecido. Aquí debemos destacar aspectos del campesino de Palestina y de nuestros tiempos. Son los aspectos de la vagancia y el descuido.

Pero, ¿en qué áreas podemos ser vagos y descuidados? Todo buen sembrador sabe que la mejor garantía de tener una buena cosecha es sembrar la semilla en un terreno bien preparado.

Jesús también sabía esto. En aquel tiempo, (como en nuestros tiempos), se preparaba el terreno cortando los espinos y las plantas silvestres. Se sacaba la mala hierba y se dejaba el terreno listo para la semilla. Pero a veces, por la prisa de querer hacerlo lo más pronto posible, se olvidaban de sacar las raíces de estas plantas. ¿Qué sucedía? Que cuando se sembraba la semilla, las otras plantas crecían y ahogaban su crecimiento.

Estamos hablando, entonces, de una relación de causa y efecto. En nuestra relación con Dios, si no somos cuidadosos, estamos permitiendo que las impurezas ahoguen el crecimiento de la semilla que Dios ha sembrado en nosotros. Peor aún, a veces somos tan descuidados en nuestra relación con Dios porque estamos prestando más atención y cuidado a otros asuntos. Nos envolvemos en tantos compromisos y preocupaciones que, sin darnos cuenta, estamos permitiendo que otras cosas ocupen el lugar de la semilla de Dios. Estamos comprometiendo el lugar de Dios y estamos ahogando nuestra relación con Él.

Ahora le pregunto, ¿tiene remedio este terreno? ¡Claro que sí!!!

Debemos procurar que nuestro terreno esté libre de impurezas. En 2 Corintios 7:1 la Palabra nos exhorta a que, *"puesto que tenemos tales promesas, limpiémonos de toda contaminación de carne y espíritu, perfeccionando la santidad en el temor de Dios".* (RVR60).

Por otro lado, no debemos comprometer el tiempo ni el llamado de Dios por otros asuntos que ahoguen nuestro crecimiento. En 2 Timoteo 2:4 nos dice El Señor claramente que *"ninguno que milita se enreda en los negocios de la vida, a fin de agradar a Aquel que lo tomó por soldado".* Es cierto que tenemos ocupaciones. Pero no debemos enredarnos con ellas. El compromiso con Dios no es negociable.

4. La Buena Tierra

De la buena tierra no habría mucho que decir, aunque de ese terreno hay mucho que considerar. Un buen terreno es aquel que no se endurece ante el llamado de Dios, que procura con Él una relación de profundidad, y que no compromete su llamado y su relación con nada que perjudique ambas cosas. Para ellos, mi aplauso y mi exhortación a seguir adelante.

Ahora bien, ya que sabemos lo que somos, vamos a destacar unas verdades bíblicas que nos enseña esta parábola en relación a nuestro oficio como Sembradores.

1. El Sembrador sabe que debe salir a sembrar aunque su semilla caiga en terrenos diferentes.

Esta aseveración trae a mi mente 2 preguntas. ¿Por qué lo sabe? Veamos. A pesar de que nosotros pudiéramos imaginar la escena del sembrador como que va regando la semilla con sus manos, existía otra forma de regar la semilla en Palestina.

Se ponía un saco lleno de semillas sobre los lomos de un burro. Luego se le hacía un corte al saco de semillas y luego se hacía caminar al animal para que la semilla fuera cayendo al terreno mientras el burro caminaba. Si esto era así, ¿cabía la posibilidad de que esta semilla cayera en terrenos diferentes? ¡Por supuesto!! Esta era una realidad muy posible que el sembrador sabía. Pero esa realidad también Dios la sabía. ¿Qué quiere decirnos esto?

Si nosotros fuéramos a regar la semilla con nuestras manos, seguramente seríamos más selectivos y procuraríamos que la semilla cayera en el terreno que nosotros creamos que es bueno, y llevaríamos la semilla solamente hasta donde nosotros creamos que debemos llevarla. Sin embargo, este no es el mandato que Dios nos dio. Nosotros tenemos el mandato claro y específico de parte de Dios de "llevar este Evangelio a toda criatura" (Marcos 16:15) y de "ser testigos en todo lugar" (Hechos 1:8).

Luego entonces, hacer esto de manera diferente y selectiva no es cumplir con el mandato de Dios.

Ahora bien, tengo la segunda pregunta. ¿Por qué si sabe que la semilla caerá en terrenos diferentes, sale a sembrar de todas formas? Se me ocurren 3 razones:

1. Tiene la confianza de que, al menos, la semilla que caiga en buen terreno le dará frutos.
2. Si cumple con el mandato de salir a sembrar, estará agradando a Aquel que lo envió a sembrar.
3. De todas formas, si no sale a sembrar, no cosechará nada.

Esto es de gran esperanza para nosotros. Tenemos en Dios la seguridad de que otros recibirán el llamado de Dios, así como una vez nosotros tuvimos la misma oportunidad de recibirlo. Todo lo que el Dios del evangelio hizo en nuestras vidas fue posible porque hubo alguien que obedeció al llamado de Dios y trajo la semilla del Evangelio de Dios hasta nosotros. ¡Gloria a Dios por aquellos que, en obediencia, y sin hacer distinción particular, salen "a todo terreno" a sembrar la Palabra de Dios! "¡Cuán hermosos son los pies de los que anuncian la paz!". (Isaías 52:7, Romanos 10:15).

2. El sembrador sabe que hay diferentes formas de sembrar, pero todas tienen la misma intención de producir frutos.

1 Corintios 3:6 nos presenta esto de una manera muy interesante. "Yo planté, Apolos regó, pero el crecimiento lo ha dado Dios". Aquí vemos 2 maneras de sembrar. Una manera es detallada. La que busca sembrar la semilla de una en una. Poco a poco. La otra es una más abarcadora. Regando la semilla. Sin embargo, ambas procuran lograr que la semilla alcance el terreno y que produzca frutos. ¿Qué nos enseña esto?

Podemos pensar en que sembrar de una u otra forma va a depender de los recursos con los que cuente el sembrador. Eso pudiera ser cierto. Sin embargo, la tarea del sembrador no está condicionada a los recursos que tenga. Está más bien orientada al resultado, no meramente a los métodos.

Entonces, es necesario reconocer que no hay siembra pequeña ni sembrador pequeño. Tanto está sembrando el que riega un puñado de semillas como el que hace un pequeño hoyo y va depositando la semilla de una en una.

¡Tenemos que sembrar!!! El trabajo es sembrar... ¡y punto!!

3. El sembrador sabe que el crecimiento de la semilla no depende de él, sino de Dios.

¡Cuántos dolores de cabeza nos ahorraríamos si reconociéramos esta verdad! Este principio es sumamente importante. Tenemos que reconocer que, a pesar de lo mucho que un sembrador sepa, a pesar de lo mucho que trabaje y a pesar de la forma en que siembre, el crecimiento siempre dependerá de Dios.

El sembrador sabe y reconoce cuál es su trabajo. Por tanto, deja que Dios haga el Suyo. Sin embargo, también sabe que su trabajo no queda en el vacío. Tiene la garantía de Dios de que "su trabajo no es en vano", como dice en 1 Corintios 15:58. Es por eso que, aunque sabe que el crecimiento de la semilla no depende de él, tiene su fe puesta en Aquel que le prometió que su trabajo no será en vano.

4. El trabajo del sembrador es para todos los llamados.

Marcos 4:10 hace una indicación muy interesante. Quienes recibieron ese misterio de Dios ese día fueron aquellos que estaban cerca de Jesús. Sin distinción de personas, o de sembradores. Todo aquel que ha recibido la Semilla del Reino en su vida, es decir, a Cristo Jesús, se convierte en portador de esa misma semilla.

¡Y esa semilla es para sembrarla, por supuesto!

Por tanto, el oficio del Sembrador está al alcance de todo aquel que:

- Está cerca de Dios.
- Permanece en Dios.
- No endurece su corazón, sino que es dócil y obedece Sus mandamientos.
- Profundiza en su relación con Dios.
- Se limpia de impurezas, y..
- No compromete su llamado con Dios, a fin de agradar a Aquel que lo llamó como sembrador.

El oficio está muy bien definido. Lo mejor de nuestra tarea es que viene como parte de nuestro paquete de aceptación del Evangelio. La Palabra nos exhorta a dar por gracia lo que hemos recibido de gracia. (Mateo 10:8). Si entendemos esto como una verdad en nuestra experiencia de vida cristiana, también debemos entender que el oficio del sembrador no es un trabajo opcional para nosotros. Esa es nuestra tarea. Esa es nuestra misión. Esa es nuestra ocupación.

Somos sembradores, y los sembradores, como dice la parábola, salen a sembrar...

VISION DE CRISTAL

Lectura: 1 Corintios 13:9-12

Hay un viejo refrán que dice: "Todo es según el color del cristal con que se mire". Este refrán nos indica que no todo el mundo ve las cosas de la misma forma. Todas las personas ven los objetos, los paisajes, y hasta las situaciones particulares desde su propia perspectiva. Desde su propio punto de vista.

Esto, a su vez, provoca que la gente interprete las cosas de muy diferentes formas y maneras. Por tanto, cada persona siente, piensa, entiende y hace las cosas de formas diferentes, porque las harán de acuerdo a lo que ellos han visto, han aprendido o les han enseñado, esto es, de acuerdo a su experiencia.

De ahí surge otro refrán muy usado por la gente: "Cada cabeza es un mundo". Esa "forma única" de ver las cosas, entonces, estará sujeta a esos "colores" y esos "cristales" a través de los cuales vemos el mundo y sus circunstancias.

Los cristales tienen un sinnúmero de características. Distintos colores, formas, cortes y tamaños. Sin embargo, para desarrollar nuestro pensamiento, tomaremos sólo una de las muchas características que tienen los cristales.

Recuerdo una anécdota muy particular.

Una tarde me encontraba en el hogar de una anciana muy querida de nuestra iglesia. Esta hermana sufría una condición de la vista, por lo que utilizaba una lupa para leer. Mientras conversábamos, nos acercamos a la mesa del comedor para compartir un café.

En un momento determinado de la conversación tomé la lupa en mi mano y comencé a mirar a través de ella. Cuando esta hermana me vio mirando a través de la lupa me dijo, con un dejo de contradicción:

- "Si supieras que ya ni con la lupa puedo leer muy bien. Estoy cada vez más ciega". – me dijo.

No tardé en darme cuenta de cuál era el problema. Sin decirle una palabra, me levanté de la mesa y caminé hasta el fregadero de la cocina. Tomé un poco de agua y jabón y lavé la lupa. La sequé con una toalla y se la puse en la mano a la anciana.

- "Lee ahora". – le dije.

Ella acercó el periódico y, con asombro, me dijo que yo debí haber hecho un milagro, pues ahora podía leer mucho más claro.

- "No, no hice un milagro". – le contesté. "Sólo lavé la lupa. Lo que no te permitía leer con ella era que simplemente estaba sucia".

¿Pueden creerlo? Al igual que muchas personas, esta anciana miraba a través de un cristal sucio.

Desafortunadamente, una característica de los cristales a través de los que miramos el mundo es que se empañan, reciben golpes y son frágiles, pero sobre todo, **se ensucian**. Siendo así, unos cristales sucios no nos permitirán apreciar la realidad de las cosas. Es muy triste tener una realidad hermosa en frente y no poder verla porque nuestros cristales están sucios.

La Palabra nos declara en este pasaje que *"ahora vemos por espejo, oscuramente".* (1 Corintios 13:12). En ese sentido, podemos decir que Dios reconoce, de acuerdo a lo que expresa este pasaje, nuestra condición de visión de cristal.

Dios sabe que nuestra visión a través de cristales es una en la que la realidad no siempre se percibe totalmente, y que nuestra visión de las cosas siempre estará sujeta a la condición de nuestros cristales. Es por esta razón que Dios dispone una provisión correctiva para nosotros por medio de Jesucristo, siendo Él "la fuente de agua que salta para vida eterna". (Juan 4:14).

Por tanto, para poder contar con una visión de cristal perfecta, es necesario lavar nuestros cristales en el agua de vida. Nuestros cristales deben estar limpios para poder apreciar la realidad de un Dios maravilloso que está delante de nosotros. Unos cristales limpios y lavados en el agua de vida, que es Cristo, son garantía de una visión de cristal perfecta.

No obstante pregunto, ¿querrá decir este pasaje que la verdadera realidad de una visión perfecta a través de nuestros cristales no es posible aquí y ahora?

El pasaje nos indica, específicamente en 1 Corintios 13:10, que *"cuando venga lo perfecto, entonces lo que es en parte se acabará".* ¿Quiere esto decir que en esta tierra la perfección no es posible? Tengo un modo de ver este pasaje que va en la dirección opuesta a lo que sugieren estas preguntas. (Tal vez sea el tipo de cristal que estoy usando).

Siempre he creído y enseñado que la perfección del pueblo cristiano es, y ha sido siempre, el deseo de Dios. Pero esa perfección en Dios no tendría ningún propósito de gloria en la Tierra si esa perfección ha de experimentarse únicamente cuando estemos en el cielo con Nuestro Padre. Por tanto, el verdadero propósito de gloria para Nuestro Padre es que esa perfección en Dios sea una realidad para su pueblo que está en la Tierra. Aquí y ahora.

¿Confundido? ¿No puede verlo claramente? Permítame prestarle mis cristales para que pueda ver y entender lo que le quiero decir.

El concepto de perfección que siempre hemos tenido es uno muy diferente al concepto de las Escrituras. El concepto de perfección que extraemos del texto griego original es uno que establece que la perfección es un concepto de aplicación, y no meramente de definición.

Según el texto griego, algo perfecto es algo que cumple con las funciones para lo que fue creado. Por ejemplo, un lápiz será perfecto, siempre y cuando sirva para escribir. Ese fue el propósito de su creación. Por tanto, si sirve para escribir, ese lápiz es perfecto.

Aquí volvemos nuevamente al propósito de gloria de Dios. En Cristo hemos sido creados a una nueva imagen y a un nuevo propósito. Nosotros, el pueblo de Dios, hemos sido llamados para llevar el mensaje del Evangelio al mundo, y hemos sido llamados a reflejar en nuestras vidas la grandeza de Dios. Como enseña Jesús en Juan 17, Dios es glorificado en la tierra por medio de nosotros sus hijos. Si el pueblo de Dios cumple con estos propósitos, es decir, con el propósito de una nueva creación a imagen y semejanza de Cristo, y con el propósito de llevar las nuevas de salvación a todo aquel que se pierde, entonces el pueblo de Dios es perfecto.

Por tanto, si somos perfectos en este sentido, no es razonable pensar que necesitamos esperar que lo perfecto se manifieste para poder tener una visión perfecta a través de nuestros cristales.

El pasaje tampoco indica ni establece que una vida de perfección en Dios deba esperar a un evento futuro de manifestación divina. La manifestación mayor de Dios en el mundo, Jesucristo, ya es una realidad consumada. Esta afirmación quedó categóricamente establecida en Juan 1:14, cuando la Escritura nos dice que *"aquel Verbo se hizo carne".*

Lo que este pasaje de 1 Corintios 13 nos enseña es que lo perfecto, (incluyendo una visión perfecta), es absoluta y totalmente posible aquí y ahora, y que esa visión perfecta se manifiesta cuando el pueblo de Dios demuestra que cumple con el propósito para el que fue llamado: Que la verdad de Cristo está en nosotros, y que el mundo puede ver a Dios a través de nosotros.

Por otra parte, la visión a través de espejo, como indica el pasaje que hemos considerado, lo que sugiere en que, aunque la manifestación que vemos de Dios no es plena y total, (puesto que no es lo mismo mirar por espejo que mirar directamente), es una visión en la que podemos depender y descansar con total seguridad.

Esto es:

- Lo que Dios hace con su pueblo, y lo que Dios hace en el mundo a través de su pueblo es totalmente cierto, auténtico y verdadero.
- Lo que Dios ha manifestado a su pueblo, y lo que Dios ha manifestado al mundo por medio de su pueblo, es la verdad, solamente la verdad y nada más que la verdad.
- El pueblo de Dios manifiesta la verdad del Dios al mundo porque el pueblo de Dios muestra al mundo a Jesús, quien es *"el camino, la verdad y la vida".* (Juan 14:6).

Ahora bien, ¿qué tiene que ver ese propósito de Dios para su pueblo con los cristales y el mundo? Podemos decir que el mundo ha de ver a Dios porque puede verlo a través de nosotros. Pero, si nosotros podemos tener una visión de cristal perfecta, es porque nosotros hemos lavado nuestros cristales con el agua de vida. Nosotros tenemos nuestros cristales limpios, ¡pero el mundo no! ¿Cómo será posible para el mundo mirar y ver que la perfección en Dios es también para ellos?

Imagínese por un momento que entre el mundo y Dios hay una enorme barrera. Una pared gigantesca que impide al mundo ver la realidad de un Dios que quiere salvarlos y perfeccionarlos para bendición de ellos mismos y para la gloria de Dios.

Esa pared existe, es real y tiene nombre. Se llama pecado. El pecado es lo que no permite que el mundo pueda ver esa hermosa realidad que Dios tiene para los suyos.

Dios, entonces, envía a su iglesia a llevar el evangelio de salvación al mundo. Para ello, la iglesia cuenta con unos cristales limpios que permitirán al mundo ver la realidad de Dios. ¿Cómo entonces la iglesia podrá hacer su trabajo, si para llegar al mundo tiene una pared de pecado que se lo impide? ¿En qué consiste nuestro verdadero trabajo como iglesia?

Pudiéramos sentirnos tentados a sugerir que la iglesia destruye la pared de pecado entre el mundo y Dios para que finalmente el mundo pueda ver y reconocer a Dios. Sin embargo, el trabajo de la iglesia no es eliminar el pecado. Eliminar el pecado es una tarea que sólo Dios puede hacer. ¿Cuál es, entonces, el trabajo de la iglesia?

El trabajo de la iglesia es dar por gracia lo que por gracia ha recibido (Mateo 10:8). La iglesia ha recibido, por medio de Cristo, unos cristales limpios para poder ver la realidad de Dios. Por tanto, la misión de la iglesia no es derribar la pared de pecado. La misión de la iglesia es convertirse en una ventana de cristal en medio de la pared de pecado para que el mundo pueda ver a través de esa ventana el propósito de Dios para ellos.

La iglesia no ha sido llamada a hacer su función en un mundo libre de pecado. En un mundo libre de pecado la iglesia no tendría que hacer absolutamente nada. En ese sentido, el mundo de pecado es nuestro campo de batalla. El mundo es nuestro frente de guerra. La iglesia trabaja constantemente rodeada por un mundo lleno de peligros. Como iglesia, no hemos sido enviados en medio de ovejitas y corderitos mansos y tiernos. En todo caso, el panorama es totalmente al contrario. En Lucas 10:3, Jesús nos dice:

"Id; he aquí yo os envío como corderos en medio de lobos". (RVR60).

La iglesia de Dios aquí en la Tierra no vuela en una nube esterilizada. La iglesia de Dios aquí en la Tierra se abre paso con la luz del evangelio en medio de un mundo de tinieblas. La función de la iglesia es hacer cumplir el propósito de Dios, aún a pesar de que en el mundo abunde el pecado. El trabajo de la iglesia es demostrar en Dios que, allí en el mundo, donde abunda el pecado, es total y absolutamente posible que la gracia sobreabunde.

No somos la fuerza para derribar el pecado del mundo. Sólo Cristo es *"el Cordero de Dios que quita el pecado del mundo".* (Juan 1:29). Nosotros somos los cristales a través de los cuales el mundo podrá ver a Dios a pesar del pecado.

La visión de cristal, en ese sentido, tiene un doble propósito. Dios quiere que su pueblo tenga una visión de cristal clara y limpia, para que de igual forma, el mundo pueda ver a Dios por medio de la visión de cristal de la iglesia.

Es ahí, precisamente, donde reside la importancia de una iglesia con una visión de cristal saludable. Mientras más limpia, mientras más perfecta sea nuestra visión de cristal, más perfectos seremos para la tarea y más perfectamente el mundo podrá ver a Dios. Nosotros somos, entonces, la visión de cristal del mundo.

¿Están nuestros cristales limpios? ¿Podrá el mundo ver a Dios a través de nosotros?

Recuerde que nuestra visión es una visión de cristal. Vemos por espejo, no directamente. Pero esa visión que Dios ha permitido que tengamos de su realidad es una visión en la que podremos confiar totalmente.

- ¿Quieres ver esta realidad de Dios un poco mejor en tu vida? Limpia tus cristales.
- ¿Quieres que esa perfección en Dios sea posible en tu vida? Limpia tus cristales.
- ¿Quieres, como iglesia de Dios, cumplir perfectamente con el propósito para el que fuiste llamado? Limpia tus cristales.

Yo sé que tú deseas ver en tu vida la realidad perfecta de Dios. Hay también un mundo que está esperando ver a Dios a través de ti.

Hay agua en Cristo. Ven, vayamos a la fuente. Limpia tus cristales...

EL CICLO "I.T."
Impacto y Transformación
Lectura: Lucas 5:1-11

Este es un pasaje ampliamente reconocido por el pueblo cristiano: El pasaje de La Pesca Milagrosa. Muchos piensan que este pasaje describe el momento en que Pedro conoce a Jesús. Sin embargo, la Biblia presenta detalladamente cuándo ocurre ese primer encuentro de Jesús con Pedro.

En Juan 1:35-42 encontramos el momento en el que Juan El Bautista señala a Jesús como el Cordero de Dios. Aunque ya lo había señalado como tal anteriormente, (Juan 1:29), cuando vuelve a llamar a Jesús como el Cordero de Dios lo hace en presencia de dos de sus discípulos.

El pasaje de Juan 1:35-42 no parece presentarse en un orden cronológico, sino que presenta los eventos de forma circunstancial, esto es, detallando las circunstancias que llevaron a Pedro a ese primer encuentro con Jesús. Siendo así, podemos establecer que Pedro ya conocía de Jesús antes del evento de la pesca milagrosa.

Esto da mayor sentido al hecho de que Pedro accediera a la solicitud de Jesús de apartar la barca de la orilla. Por otra parte, esto también explica el hecho de que Jesús se subiera, específicamente, a la barca de Pedro, cuando había otra barca en la orilla.

Esta acción de Jesús pudiera denotar que en este punto de la narración de Lucas 5:1-11 existía entre Pedro y Jesús cierto grado de confianza. Pero además, el pasaje de Lucas 5:1-11 trae a nuestra atención un detalle del que posiblemente no se había tenido consideración particular hasta este momento.

En Juan 1:35-42 la Biblia nos dice que Pedro conoció a Jesús. De hecho, también nos indica que permaneció con Jesús una noche (Juan 1:39). Sin embargo, no especifica de lo que hablaron. Por tanto, en términos de la relación de este pasaje con Lucas 5:1-11, podemos suponer que Pedro no escuchó esa noche ninguna enseñanza de Jesús, o en su defecto las enseñanzas de Jesús no causaron en Pedro ningún impacto.

Por otra parte, el hecho de que Lucas 5:1-11 nos dice que Pedro estaba pescando debe ser un factor indicativo para nosotros de que, aunque ya Pedro había conocido a Jesús, todavía no le seguía. Hasta este punto, todavía Pedro no había sido impactado por las enseñanzas de Jesús, las hubiera escuchado o no.

Esto no quiere decir que las posibles palabras que Jesús hubiese compartido con él anteriormente no fueran palabras impactantes. La verdad del Evangelio siempre es impactante. Sin embargo, no fue hasta que Pedro vio el efecto de las palabras de Jesús en una situación particular de su vida que pudo comprender las enseñanzas de Jesús. No fue hasta que la verdad de Cristo tocó un área específica de su circunstancia real que Pedro comprendió que las palabras de Jesús son impactantes para la vida del ser humano.

Es en este evento de la pesca milagrosa donde Pedro quedó definitivamente impactado. Por otra parte, este impacto de Jesús no se demuestra precisamente cuando Pedro cae de rodillas ante Jesús reconociendo su condición. Esto surge, más bien, como resultado del impacto.

La demostración de que Pedro fue verdaderamente impactado por las enseñanzas de Jesús está en la obediencia de éste ante la petición de Jesús. Fue el impacto de las palabras de Jesús lo que convenció a Pedro a hacer algo completamente ilógico. Si las palabras de Jesús no hubieran sido convincentes, tal vez Pedro no hubiese hecho lo que Jesús le pidió.

Ahora bien, este pasaje de Lucas 5:1-11 contiene lo que yo he llamado un ciclo de impacto y transformación. Por medio de este pasaje podemos identificar un orden lógico de verdades bíblicas que nos permitan comprender, no sólo que este ciclo impacta y transforma nuestras vidas, sino que también impacta y transforma la vida de los demás.

He aquí la descripción de este ciclo:

1. **Cuando Jesús entra en nuestra barca es necesario <u>apartarse</u> de la tierra.**

La psicología sugiere que un cambio de ambiente provoca un cambio de actitud. Esta verdad científica no es una verdad desconocida para Dios. Cristo es el psicólogo por excelencia.

La Palabra de Dios está constantemente exhortándonos a apartarnos del mal. Apartándonos de la orilla, de donde está todo el mundo, es la forma de exponernos libremente al impacto que las palabras de Jesús pueden causar en nosotros.

Apartarse de la orilla es el comienzo del impacto.

Cuando los pescadores apartaron la barca para que Jesús enseñara, no tuvieron otra opción sino escucharlas. Sin ellos saberlo, se expusieron al impacto directo de Jesús en sus vidas. Sin la distracción del mundo. Apartados de la orilla.

Hoy nosotros ya sabemos lo que las palabras de Jesús pueden provocar. Es necesario acercarse a Jesús para ser impactados por sus palabras. Pero, para ello, es necesario apartarse de la orilla. Es necesario alejarse de lo malo. Es necesario acercarse a lo bueno.

2. Boga mar adentro.

Luego que Jesús terminó sus enseñanzas, le pidió a Pedro que se adentrara en el mar. Pero, si usted se fija detenidamente, Lucas 5:4 indica que Jesús le hace esta petición a Pedro con un propósito específico. Jesús le dice a Pedro que bogue mar adentro porque van a pescar.

Estas palabras de Jesús contienen una implicación maravillosa. Es en este punto donde bogar mar adentro se convierte en una promesa de Dios. De acuerdo al pasaje, los pescadores habían pasado toda la noche tratando de pescar, sin éxito. Por tanto, la promesa de Jesús que encierra esta petición de bogar mar adentro representa una promesa de bendición: La promesa de pescar. Pescar era esa promesa de bendición que ellos estaban deseando alcanzar y que no habían podido conseguir.

Por otra parte, esta invitación de Jesús a bogar mar adentro implica cumplir con un requisito importante. No era posible alcanzar la promesa de bendición si Pedro no bogaba mar adentro. Esto significaba, en términos prácticos y lógicos, apartarse aún más de la orilla.

Bogar mar adentro representa alejarse más y más de la maldad. Es profundizar en nuestra relación personal con Dios.

- Bogar mar adentro es la demostración de nuestro compromiso con el Dios que ha prometido hacernos pescar.
- Es nuestra decisión de profundizar en nuestra relación con el Dios que ha prometido bendecirnos.
- Es nuestra contestación afirmativa al Dios que nos exhorta a bogar mar adentro porque El nos hará pescar.

3. Echar las redes.

Hemos llegado a un punto muy interesante en el ciclo de impacto y transformación. En este punto es necesario considerar un detalle del pasaje que contiene una connotación especial que es de gran importancia para nuestra vida cristiana.

Jesús le pidió a Pedro que alejara la barca de la orilla. Esta petición tuvo una razón de ser lógica. Lucas 5:1 nos dice que la gente se agolpaba para oír a Jesús. Por tanto, fue necesario que Jesús se ubicara en un lugar propio y adecuado para poder impartir sus enseñanzas. Este pedido de Jesús, entonces, tiene sentido.

Luego, Jesús le pide a Pedro que bogue mar adentro para pescar. Esta petición también tiene un sentido lógico. En la orilla no sería propio procurar una buena pesca.

Sin embargo, cuando Jesús le pide a Pedro que bogue mar adentro, también le pide que eche las redes. Esta petición, a diferencia de las otras peticiones, contiene lo que podemos llamar "la parte ilógica del pasaje". Es en este punto donde pareciera que lo que Dios pide no tiene sentido.

Note bien que el mismo Pedro parece estar levantando este argumento. En Lucas 5:5, Pedro parece destacar el hecho de que esta petición de echar las redes carecía de toda lógica. Como pescador experimentado, Pedro sabía que, a esa hora del día no era productivo echar las redes para pescar puesto que los peces buscan las profundidades del agua ante el calor que castiga la superficie. Para Pedro esta era una petición ilógica.

No obstante, y contrario a toda lógica, Pedro echó las redes. ¿Por qué? ¿Por qué si lo sabía echó las redes de todas formas?

Porque, como ya hemos indicado, Pedro ya había sido impactado por las palabras de Jesús. El impacto de las palabras de Jesús había sido tal que Pedro llegó a actuar en contra de toda lógica.

Ahora bien, para Pedro no era imposible echar las redes. ¡Él podía echarlas! Lo que era imposible ante la petición de Jesús no era que las redes se pudieran echar.

Lo que parecía imposible era que a esa hora del día se pudiera pescar algo echando las redes.

Ciertamente Dios no nos pedirá algo que nosotros no podamos hacer. Echar las redes no era lo imposible. Lo improbable era pescar. Este es, precisamente, el punto diferente y especial de esta petición de echar las redes. Para Jesús es posible que echemos las redes a cualquier hora.

Esto tiene, a su vez, una razón de ser. Si para Jesús es posible que echemos las redes a cualquier hora, es porque Jesús está dispuesto a bendecirnos a cualquier hora.

Cuando echamos las redes es porque, en primer lugar, nos hemos apartado de la orilla y hemos bogado mar adentro. Luego de apartarnos, y luego de bogar mar adentro (relacionarnos más profundamente con Dios), es entonces que veremos cumplida la promesa de bendición.

Sin embargo, echar nuestras redes es nuestra demostración de que obedeceremos a Dios, aún en contra de lo que sugiera la lógica.

- Aún en contra de lo que digan los de la orilla.
- Aún en contra de lo que digan los que van con nosotros en la barca.
- Aún en contra de nosotros mismos.

Apartarnos de la orilla, bogar mar adentro y echar nuestras redes son las cosas que podemos hacer dentro de nuestras capacidades naturales. Son las cosas que, aunque parezcan ilógicas, son posibles de realizar. Son parte de nuestra relación humana y natural con Dios.

Es, entonces, que Dios hace Su parte.

- Es a partir de este punto en donde Jesús lleva nuestra relación de lo natural a lo sobrenatural.
- Es a partir de este momento que Dios hará posible lo que parecía imposible.
- Es el punto en donde lo ilógico de los hombres se vuelve lógico ante Dios.

Para ello, es necesario que nosotros hagamos nuestra parte. Dios, definitivamente, hará la Suya. Nosotros hacemos lo que es posible. Dios hará lo imposible. Cuando echamos nuestras redes estamos demostrando que creemos que Dios hará lo que dijo que haría. Cuando echamos las redes, no es momento de dudar. Es momento de pescar.

4. Llamados a compartir.

Finalmente hemos llegado al punto donde el ciclo de impacto y transformación cobra un sentido especial. Es en este punto donde el ciclo de impacto y transformación cumple con el plan original del Evangelio.

Lucas 5:7 nos dice que fue necesario llamar la otra barca para que ayudara en la pesca tan extraordinaria que se había producido. Para efectos del ciclo de impacto y transformación, la enseñanza del pasaje apunta a que es necesario compartir con otros los frutos del Evangelio. Es necesario compartir con otros los efectos de las palabras de Jesús.

Una vez que las palabras de Jesús han causado impacto y transformación en nuestras vidas es necesario que llevemos las palabras de Jesús a otros para que experimenten los mismos resultados que hemos experimentado nosotros.

¿Cómo hacemos comprender a los demás que la verdad del Evangelio puede impactar sus vidas? Llevando la verdad del Evangelio a la circunstancia real de sus vidas.

-   No es hacerles comprender que el Evangelio debe entrar en sus vidas, sino hacerles entender que sus vidas deben entrar en el Evangelio.
-   No es que el Evangelio será grande en sus vidas, sino que sus vidas serán grandes en el Evangelio.
-   No es que Dios será grande en sus vidas, sino que sus vidas serán grandes en Dios.

Estamos llamados a dar por gracia lo que por gracia hemos recibido (Mateo 10:8).

Nuestras vidas han sido transformadas por el impacto de la Palabra de Dios. El ciclo de impacto comienza con la transformación de nuestra vida por la Palabra de Dios.

Por otra parte, una vida transformada es una vida que impacta. ¡Es por esa razón que el ciclo no se detiene! Somos impactados por la Palabra de Dios, y ese impacto produjo cambios y transformación en nuestra vida. Ese cambio y transformación son, a la vez, impactantes para aquellos que nos rodean.

Por tanto, cuando impactamos a otros con nuestra vida transformada, lo que realmente estamos haciendo es impactar las vidas de los demás con la misma palabra con la que fuimos impactados. Estamos contagiando a los demás con el mismo germen que nosotros hemos sido contagiados.

Dios ha logrado, por medio de este ciclo de impacto y transformación, que nuestra tarea de llevar el Evangelio a toda criatura tenga una estructura de ejecución que permite que la misma funcione automáticamente.

No es que el Evangelio se ha de predicar por sí solo, sino que el efecto de ese impacto y transformación del Evangelio se hace evidente a todo el mundo por aquellos que, en efecto, demuestran a otros los resultados de ese impacto y transformación.

Es decir, Dios ha permitido que nuestra misión como iglesia de llevar las buenas nuevas del Evangelio tenga como garantía los resultados que esas palabras han causado en nosotros. Desde ese punto de vista, nuestra tarea no es tan difícil. Somos, con nuestra vida, una carta de presentación de lo que Cristo y Su Palabra pueden hacer en la vida del hombre.

Podemos resumir el ciclo de impacto y transformación de la siguiente manera:

1. Es necesario apartarnos de la orilla para ser impactados por las palabras de Jesús. Apartarnos significa que estaremos en mejor disposición para el impacto de la Palabra de Dios.

2. Es necesario que, luego de apartarnos, profundicemos en nuestra relación con Dios. Profundizando en nuestra relación con Dios estaremos aproximándonos cada vez más a recibir la promesa de bendición de Dios.

3. Es necesario obedecer a Dios ante toda lógica. Nosotros haremos todo lo que esté a nuestro alcance. Si cumplimos con nuestro compromiso, Dios cumplirá su propósito de bendición en nosotros.

4. Es necesario llamar las otras barcas. Hemos sido impactados y transformados con el propósito de impactar y transformar.

No hacemos la obra que Dios hará, pero somos la obra que Dios ha hecho. Nosotros somos el impacto y la transformación de Dios. Un impacto y transformación que es posible mostrar, porque ya es una realidad en nosotros.

Compartir la pesca es nuestro deber como comisionados del evangelio. Llevar la Palabra a otros es repetir el ciclo de impacto para transformar a otros que harán lo mismo.

No detengamos el ciclo. Los peces nos esperan. Las barcas nos necesitan.

REVOLUCION

Lectura: Mateo 5:38-48

Si pudiéramos describir el ministerio de Jesús en una sola palabra, ¿qué diríamos?

- Único.
- Glorioso.
- Sacrificado.

Todos estos adjetivos pudieran, muy bien, adjudicarse como característicos del ministerio de Cristo en la tierra. Sin embargo, hay un adjetivo que pudiera describir mejor este ministerio de Jesús entre los hombres. El adjetivo que voy a utilizar es "revolucionario".

El ministerio de Jesús fue revolucionario porque, sobre todo, impactó todas las áreas del conocimiento de los hombres acerca de Dios que se tenía hasta entonces. Gracias al ministerio de Jesús, todos los hombres, ricos o pobres, cultos o indoctos, judíos o gentiles, tuvieron acceso directo al conocimiento de Dios y al Dios del conocimiento.

Por otra parte, gracias al ministerio de Cristo, se rasgó el velo de acceso a la verdad, de la cual los conocedores de la ley se creían dueños absolutos. Jesús dio a conocer el Reino de los Cielos a todos los hombres.

Lo revolucionario del ministerio de Jesús es que ahora todos los hombres tenemos acceso a la verdad, esto es, por medio de Cristo. La verdad es, entonces, por medio de Cristo por dos razones fundamentales:

1. <u>Jesús es quien descubre a los hombres la verdad de Dios.</u>

En Juan 12:46, Jesús dice:

"Yo, la luz, he venido al mundo, para que todo aquel que en mí cree no permanezca en tinieblas". (RV).

El que cree en Cristo, cree en la luz que nos permite salir de las tinieblas y conocer la verdad. Jesús es, entonces, quien trae la verdad a los hombres. Juan 1:17 nos dice que la gracia y la verdad vinieron por Jesucristo.

Pero eso no es todo.

2. <u>Jesús es la verdad de Dios.</u>

Juan 14:6 nos dice claramente que Jesús es el camino, la verdad y la vida.

Por tanto, Jesús es, no solamente quien descubre a los hombres la verdad, sino que Jesús es, precisamente, esa verdad que los hombres deseaban descubrir.

Es posible entender, entonces, por qué estas declaraciones de Jesús fueron tan impactantes. Las palabras de Jesús causaron desde ese momento una revolución. Una revolución que nos ha acompañado a través de los tiempos.

Los hombres, a través de los tiempos, han procurado conocer la verdad de Dios y al Dios de verdad. Esta búsqueda, sin embargo, no surge en términos generales como un desafío o un insulto a la figura de Dios. Esta es una necesidad natural del hombre, quien siempre ha procurado conocer la verdad de las cosas, y en cuanto a cualquier asunto específico, procura en cierta forma inquirir y cuestionar la verdad que se conoce hasta entonces.

Por alguna razón, quien busca conocer la verdad de algo, no está conforme o satisfecho con la verdad conocida hasta el momento de ese algo. Es aquí donde surge la revolución. Cuando esta inquietud por el saber no se sacia, la verdad conocida se tambalea. El poder y el control de la verdad quedan expuestos. Accesibles. Conquistables.

Esta revolución trae como consecuencia una lucha por el poder y el control de esa verdad. De un lado están los que desean conocer la verdad, y por otro lado están los que dicen que la tienen y que, por tenerla, creen tener el control absoluta sobre ella.

Ambos se enfrascan en una batalla por el dominio del uno sobre el otro, en ocasiones, hasta olvidando el buen motivo que pudiera haber dado pie a la revolución. En ese sentido, desafortunadamente, la verdad pasa a un segundo plano, dándose pues mayor importancia al poder.

Por otra parte, y en adición a lo antes expuesto, todo aquel que quiere conocer la verdad, o todo aquel que quiera mostrar una verdad distinta a la que se conoce, está actuando de manera revolucionaria, porque está actuando en contra de aquellos que tienen el poder, porque creen que tienen la verdad.

Tomemos, por ejemplo, el caso de Martín Lutero.

Martín Lutero fue un sacerdote católico del Siglo 16. Conoció una verdad que le fue presentada. Se crió y se educó en esa verdad. Sin embargo, su búsqueda de la verdad era un indicativo de que esa verdad que había conocido no le satisfacía.

Para ese tiempo, la Iglesia Católica ofrecía lo que se conocía como *indulgencias*. Las indulgencias eran unas dispensas concedidas por El Papa o la alta jerarquía de la Iglesia Católica con el propósito de ofrecer el perdón de pecados y la entrada al cielo mediante la compra de este perdón o entrada.

La gente compraba las indulgencias, al precio indicado por los oficiales de la iglesia, y así "garantizaban" su entrada al cielo, sin importar su conducta pecaminosa aquí en la tierra. Para colmo, también se ofrecían indulgencias para familiares que habían muerto, mediante las cuales las almas de los familiares eran libradas de un lugar de castigo, llamado el purgatorio, y enviadas al cielo.

Fue entonces cuando Martín Lutero se encontró con la verdad que estaba buscando. Un día, mientras leía las Escrituras, se detuvo a leer Romanos 1:17. Ahí encontró una frase que lo estremeció. El texto termina diciendo: *"Mas el justo por la fe vivirá"*.

Lutero se dio cuenta que esta referencia de Pablo era una referencia al evangelio de la justicia de Dios. Por tanto, concluyó que el evangelio, el mismo que él entendía que su iglesia predicaba, indicaba claramente que la fe era lo que el hombre necesitaba para alcanzar la justicia de Dios, no las indulgencias.

Siendo, entonces, que había encontrado una nueva verdad, diferente a la que él conocía, decidió darla a conocer. Las publicó en la puerta de la Iglesia de Wittenberg, dando paso a una de las revoluciones de la fe más extraordinarias que registra la historia: Las 95 Tesis de Martín Lutero. Una revolución que nos alcanza a nosotros hoy.

¿Por qué hago referencia a la historia de Martín Lutero? Porque hoy nosotros somos los llamados a causar una nueva revolución de la fe. Las palabras de Jesús en el pasaje de Mateo 5:38-48 nos están invitando a marcar una diferencia.

- Es una invitación a que no hagamos lo que el mundo hace.
- Es una invitación a romper con lo que la oscuridad del mundo ha definido como bueno.
- Es un llamado a ser diferentes al mundo.

Como ya hemos dicho, causar una revolución es presentar algo completamente novedoso. Pero, sobre todo, es algo que va en contra de las tendencias del momento. En ese sentido, nosotros somos revolucionarios. Nosotros no nos comportamos como se comporta el mundo.

Por ejemplo, un día como el de Halloween, donde la gente procura rendir culto a la maldad de una costumbre pagana, el pueblo cristiano también celebra, pero no por las mismas razones.

Mientras el mundo celebra el día de las brujas, nosotros celebramos la Reforma Protestante. Cabe mencionar que el día que Martín Lutero publicó sus 95 Tesis fue el 31 de octubre de 1517.

Ese día, un cristiano reformado por el poder de la Palabra de Dios, fue capaz de causar una gran revolución de fe.

Tenemos razones para celebrar. Mientras el mundo se goza en las tinieblas, nosotros nos gozamos en la luz de Cristo y el en Cristo de la luz. Mientras el mundo va tras la mentira de unas leyendas y fantasías paganas, nosotros nos gozamos en la verdad de Cristo y en el Cristo de verdad.

Sin embargo, deseo destacar algo adicional de este evento. No voy a discutir las 95 Tesis de Martín Lutero en detalle. No obstante, hay un único detalle en el escrito de Martín Lutero que capturó mi atención de manera poderosa.

Las 95 Tesis de Martín Lutero comienzan con la siguiente introducción:

"Por amor a la verdad, y en el afán de sacarla a la luz, se discutirán en Wittenberg las siguientes proposiciones bajo la presidencia del R.P. Martín Lutero, Maestro en Artes y en la Sagrada Escritura, y Profesor Ordinario de esta última disciplina en esta localidad".

¿Notaron ese detalle especial? Martín Lutero indica y establece que las razones por las cuales él desarrolló estas tesis, que finalmente causaron esta gran revolución de fe, fueron el amor a la verdad y su deseo de sacar esa verdad a la luz.

Martín Lutero fue movido por el amor a realizar tan arriesgada y revolucionaria tarea. Pero, ciertamente con la misma intención que movió a Cristo a presentar la verdad a los hombres. Cristo vino, movido por su amor a la humanidad, a mostrar la verdad a los hombres para que pudieran ser libres de la opresión de sus pecados.

Martín Lutero quiso igualmente presentar la verdad del evangelio a los hombres para que entendieran que la verdad del evangelio es creer por la fe en Jesucristo para la redención de los pecados.

¡No más indulgencias! ¡No más ignorancia! Era el momento de que los hombres conocieran la verdad para que fueran verdaderamente libres. Martín Lutero sabía lo que la Biblia dice en Juan 8:36:

"Así que, si el Hijo os libertare, seréis verdaderamente libres". (RV).

Jesús mismo declaró en Juan 8:32 que *"conoceréis la verdad, y la verdad os hará libres".*

Hoy nos toca a nosotros, como representantes de la verdad de Dios, y del Dios de verdad, dar a conocer al mundo las palabras del evangelio. Nosotros somos los comisionados para llevar la verdad a aquellos que no la tienen.

No podemos hacer como hicieron los fariseos del tiempo de Jesús, o como los líderes de la Iglesia Católica en el tiempo de Martín Lutero. No podemos quedarnos con la verdad para creernos que tenemos el poder que ella nos da. La verdad es para darla, y para dar el poder de la verdad a aquellos que necesitan salir de la oscuridad.

La verdad da poder. Poder del conocimiento. El conocimiento, por su parte, conduce a la libertad. Esto, en términos del amor que nos mueve a buscar y compartir la verdad, significa que no dar poder a los hombres por medio de la verdad es egoísmo. Eso no es amor al prójimo.

Nosotros estamos llamados a dar por gracia lo que por gracia hemos recibido. Por tanto, hoy como ayer, nosotros estamos llamados a levantar una revolución de fe. Cristo vino a mostrar a los hombres la verdad de Dios y al Dios de verdad.

Martín Lutero en su tiempo respondió al llamado de la revolución espiritual que produce el evangelio de Cristo. Hoy nos toca a nosotros cumplir con nuestra misión. Hoy la misión de libertad del pecado por medio de la verdad del evangelio es nuestra. Cumpliendo con nuestra misión nos convertimos, igualmente, en luz para los que están en tinieblas. Ocupamos hoy en la tierra el lugar que Cristo ocupó durante su ministerio. Hoy nos parecemos a Cristo.

El caso de Martín Lutero fue uno realmente significativo en términos de lo que fue su misión. Martín Lutero también llevó la luz de Cristo a los que vivían en la oscuridad. Martín Lutero se pareció tanto a Cristo que, como dato curioso, asumió el ministerio de la Reforma Protestante a la misma edad de Jesús cuando murió en la cruz. El 31 de octubre de 1517, cuando Martín Lutero publicó sus 95 Tesis, tenía 33 años de edad.

Nuestra misión es clara. Somos revolucionarios de nuestro tiempo. Es necesario que llevemos la luz de la verdad a los que hoy viven en un mundo de tinieblas y oscuridad.

Las armas nos han sido dadas. La Palabra de Dios es más cortante que toda espada de dos filos. (Hebreos 4:12). La fe es nuestro escudo. (Efesios 6:16).

¡Estamos equipados! ¡Esta es la hora de la revolución!

Es hora de romper las tinieblas con la luz de Cristo. La victoria es que las almas salgan de la oscuridad y vengan a la verdad.

Nosotros hemos alcanzado esa verdad por la fe en Jesucristo.

Es hora de compartirla...

¿LUZ BLANCA O LUZ NEGRA?

Lectura: Mateo 5:14-16

Yo creo que una de las cosas más importantes para los seres humanos es la luz. Nada, absolutamente nada puede sustituir a la luz.

- Sin luz no podemos ver nada, aunque tengamos una visión perfecta.
- Sin luz no se pueden percibir los objetos, apreciar los paisajes o distinguir a las personas.
- Sin la luz las plantas no pueden producir sus frutos.

Note bien que no estoy hablando específicamente de la energía eléctrica que produce luz. Esa luz, sin embargo, es también importante, pues es de gran utilidad para alumbrar en la oscuridad de la noche. La luz eléctrica facilita nuestra vida.

No obstante, si hay algo que podemos decir de la luz es que la luz destruye las tinieblas más oscuras. La luz es vida. La luz da vida.

Esta debe ser una de las razones por las cuales la Palabra de Dios nos indica que Jesús es la luz del mundo. Jesús es la luz del mundo porque Jesús es vida.

De hecho, la Biblia nos dice en Juan 8:12 lo siguiente:

"Otra vez Jesús les habló, diciendo: Yo soy la luz del mundo; el que me sigue no andará en tinieblas, sino que tendrá la luz de la vida". (RV).

Jesús es la combinación perfecta de luz y vida, porque la luz es vida, la vida es luz y Cristo es la luz y la vida.

Ahora bien, Cristo es mucho más que luz y vida. De hecho, Jesús se presenta como la luz del mundo con un propósito intencional y premeditado. Para ello, vamos a considerar varios pasajes del Antiguo Testamento para que podamos descubrir ese propósito intencional y premeditado de Jesús.

1. Salmo 27:1

"Jehová es mi luz y mi salvación,... ". (RVR60).

El salmista declara que Dios es su luz. Jehová es la luz que aleja la oscuridad, y todo temor que ella produce. Por tanto, Dios es luz.

2. Isaías 60:19

"...porque Jehová te será por luz perpetua...". (RVR60).

Aquí la Escritura afirma, no sólo que Dios es luz, sino que añade que esa luz que es Dios, y ese Dios que es luz, son para siempre, lo cual, de por sí, es una característica de Dios. Dios es eterno. Dios ha existido, existe y existirá por siempre y para siempre.

3. Miqueas 7:8

"...aunque more en tinieblas, Jehová será mi luz". (RV).

Ahora la Biblia afirma que ese Dios que es luz, ese Dios que es por siempre y para siempre, es también Todopoderoso. Poderoso para ser la luz que necesitamos para vivir, aún cuando las tinieblas nos rodeen.

- Dios tiene poder por sobre la oscuridad.
- Dios aleja todos nuestros temores.
- Y los aleja por siempre y para siempre porque su luz es luz perpetua.

Ahora bien, ¿cuál fue ese propósito intencional y premeditado de Jesús? ¿Qué quería decir Jesús cuando les dijo a los hombres que él era la luz del mundo?

Cuando Jesús les dice a los hombres, *"Yo soy la luz del mundo",* les estaba diciendo que, así como Dios es luz, Cristo era también luz y, por tanto, estaba afirmando que Él también era Dios.

Si Dios es luz, y Jesús es la luz, entonces Jesús es Dios. De hecho, en Colosenses 1:15 la Escritura establece que *"Cristo es la imagen del Dios invisible".* Por eso el mismo Jesús pudo decir que quien le ha visto a Él ha visto al Padre. (Juan 14:9).

En ese sentido, Jesús vino al mundo a mostrar a Dios, porque vino a mostrar la luz. Pero también vino a mostrar el camino para llegar a esa luz. Para llegar a Dios. Juan 12:46 nos dice:

"Yo, la luz, he venido al mundo, para que todo aquel que cree en mí no permanezca en tinieblas". (RVR60).

Jesús es Dios, y Jesús es luz. Jesús es la luz que dispersa las tinieblas, para que el hombre y la mujer puedan ver el camino para llegar a Dios. En adición, Jesús es, precisamente, ese único camino que conduce al Padre. (Juan 14:6).

Por tanto, Jesús es la luz y es Dios, pero a la vez es el camino para llegar a Dios y a la luz. En definitiva, Jesús es el todo del hombre.

Ahora bien, el pasaje que hemos considerado nos presenta otro ángulo interesante sobre la luz. Luego que hemos establecido sin lugar a dudas que Jesús es la luz del mundo, ahora Jesús se refiere a sus discípulos como la luz del mundo. (Mateo 5:14).

¿En qué quedamos? ¿Quién es, entonces, la luz del mundo?

Jesús dijo muy claramente en Juan 8:12 que Él es la luz del mundo. No obstante, más adelante Jesús hace una indicación que es necesario considerar para contestar las preguntas que acabamos de formular. Juan 9:5 nos dice:

"Entre tanto que estoy en el mundo, luz soy del mundo". (RVR60).

Jesús es Dios. Jesús es luz. Pero Jesús se hizo hombre para cumplir una misión especial entre los hombres y para los hombres. En varias ocasiones Jesús hizo referencia a que Él venía a hacer las obras de su Padre. Pero, ¿qué sucedería cuando terminara esas obras?

Cuando Jesús indica que Él es luz del mundo mientras esté en el mundo, está dando a entender que en algún momento su ministerio terrenal terminaría.

Él sigue, y seguirá siendo Dios, la luz, el camino, la verdad y la vida. Pero, en vista de que su ministerio en la Tierra iba a terminar, era necesario transferirlo. Era necesario en aquel tiempo, y sigue siendo necesario ahora que el ministerio de Cristo de mostrar la luz a los hombres continúe. Para ello, en Mateo 5:14, Jesús designa a sus discípulos con este ministerio.

Mientras Jesús estuviera como hombre en la Tierra, El sería la luz del mundo. Pero cuando finalmente Jesús dejara de estar como hombre en la Tierra, era necesario que otros hombres ocuparan su lugar. Era necesario que otros hombres fueran la luz del mundo. Por tanto, cuando Jesús señala a sus discípulos en aquel tiempo como la luz del mundo, está señalándonos igualmente a nosotros como sus sucesores en este tiempo.

Cristo no ha dejado de ser la luz del mundo. Lo que sucede es que ahora la comisión de llevar esa luz a los hombres es nuestra. Somos ahora nosotros quienes somos la luz del mundo para los hombres porque ahora nosotros cumplimos con el propósito ministerial de Jesús mientras estuvo en la Tierra.

- Mostramos a Dios.
- Iluminamos el camino para que los hombres puedan llegar a Dios.

Por tanto, si a nosotros nos es asignada la tarea de ser y llevar la luz de Dios al mundo, ¿cómo lo haremos? Esta es una tarea importante, pues ocupar el lugar de Cristo en la Tierra no es una tarea simple. ¿Cómo, entonces, ejecutaremos nuestra función? Bueno, el mismo Jesús presenta algunas indicaciones en este pasaje que deberíamos considerar para realizar nuestra tarea con eficacia.

1. Somos luz del mundo.

Lo que Cristo quiso dejar establecido es que nosotros, sus discípulos, somos luz, pero en medio de las tinieblas. Por tanto, nuestra misión de brillar es en la oscuridad, no en la luz.

Ser cristiano en la iglesia es muy fácil. Sin embargo, en la iglesia no somos la luz. Esto es así porque el efecto real de la luz no es en la claridad. El efecto real de la luz es en la oscuridad. Nosotros no somos la luz de la iglesia. Somos la luz del mundo. Allá es que somos enviados. Mucho menos debemos pensar que somos las superestrellas de la luz porque estemos en la iglesia. Todo lo contrario.

- En la iglesia no venimos a ser servidos. Venimos a servir.
- En la iglesia no venimos a ser los más grandes. Venimos a ser los más pequeños.
- En la iglesia no venimos a ser la luz. Venimos a que la luz sea en nosotros.

En ese sentido, no tenemos motivos para gloriarnos. Si nosotros somos la luz del mundo, no lo somos por nuestra propia luz. Nosotros no brillamos con luz propia. Brillamos porque la luz de Cristo se refleja en nosotros. Somos la luz del mundo porque Cristo es la luz del mundo reflejada en nosotros.

Sin Cristo no brillamos. Sin Cristo no somos luz.

2. La luz no se esconde.

Mateo 5:15-16 presenta este concepto como una cuestión lógica. Si somos luz, no podemos escondernos. La luz es necesaria para alumbrar el camino y dar vida. Lo que quiere decir que la luz no podemos ocultarla. Es necesario darla. Esconder la luz de Cristo y pretender ser sus discípulos no es compatible. Somos llamados a alumbrar. Si somos sus discípulos, somos la luz del mundo.

Por otra parte, si no somos la luz del mundo, no somos sus discípulos. En ese sentido,

- Nuestro ministerio no es una misión secreta. Es una declaración pública.
- No somos agentes secretos del evangelio. Somos testigos fieles y verdaderos.
- No somos meros conocedores de la verdad. Somos proclamadores de esa verdad.

3. El concepto de la luz negra.

¿Qué es eso? ¿Existe la luz negra?

Por definición, la luz negra es el nombre común para las lámparas que emiten radiación electromagnética ultravioleta, con un componente muy pequeño de luz visible. Se utilizan mayormente para el revelado de fotografías y para hacer visibles las partículas fluorescentes de cualquier material.

Esta definición establece dos verdades. La primera es que, en efecto, la luz negra existe, y segundo, que es posible que una lámpara emita luz negra. Sin embargo, lo más interesante de este concepto de luz negra es que presenta una característica muy particular.

Esta característica particular de las lámparas de luz negra es que son básicamente construidas como las lámparas fluorescentes, pero en vez de usar un cristal exterior transparente, utilizan un cristal oscuro, conocido como cristal de Wood, cuya función es bloquear la mayor parte de la luz visible.

Cuando vemos una definición como esta, a mí, por lo menos, siento que la piel se me eriza. Nosotros sabemos que Dios creó al hombre a Su propia imagen y semejanza. (Génesis 1:26). Por tanto, todos los hombres son creados con las mismas características, lo que quiere decir que todos los hombres tienen la capacidad y la posibilidad de irradiar la misma luz.

Entonces, cuando el hombre peca, la posibilidad de ese hombre de irradiar una luz visible y clara es automáticamente distorsionada. El hombre es cubierto por las tinieblas del pecado, las cuales hacen que, en lugar de emitir luz clara, ahora produzca una emisión de luz negra. Esa es, y ha sido siempre la obra del enemigo con los hombres.

Entonces, la luz negra existe, y es posible emitir luz negra.

Por otra parte, también sabemos que Cristo vino a deshacer las obras del diablo. (1 Juan 3:8). Cristo vino a destruir las tinieblas con la luz.

Ahora bien, siendo más específico en la verdad que declara Mateo 5:15, Jesús destacó el hecho de que una ciudad asentada en un monte no se puede esconder. Esto nos da a entender que para nosotros es inevitable no proyectar una luz al mundo. Nosotros estamos inevitablemente expuestos al ojo de la opinión pública. De hecho, la Escritura nos declara en Hebreos 12:1 que tenemos a nuestro alrededor una gran nube de testigos. Estamos constantemente bajo la mirilla del mundo.

Por otra parte, como nación santa para Dios, hemos sido elevados a una ciudadanía de altura. Por eso es que nuestra ciudad está asentada en un monte. Estamos a la vista de todo el mundo.

Dios hace las cosas con propósito y con lógica. Dios ha hecho de nosotros la luz del mundo, y siendo así, ha puesto esa luz a la vista de todos los hombres.

Por tanto, en términos de nuestro ministerio, estamos exactamente en el lugar indicado para esparcir la luz.

Sin embargo, esto no es indicativo de que estemos haciendo la tarea. Estamos en el lugar indicado porque Dios nos ha puesto en el lugar indicado. En ese sentido, Dios ha hecho su parte. Ahora es necesario que nosotros hagamos la nuestra.

Dios nos ha puesto en el lugar indicado para esparcir la luz, pero esparcir la luz es nuestra tarea.

¿Qué sucede, entonces, si estamos en el lugar indicado para esparcir la luz y no lo hacemos? Sucede lo mismo que cuando tenemos una lámpara de luz negra. La lámpara está emitiendo su luz, pero esa luz no alumbra. La lámpara está produciendo luz, pero esa luz no aleja la oscuridad.

En nuestro caso como iglesia, ocurre este mismo fenómeno. Estamos en un lugar alto porque Dios nos ha puesto ahí para alumbrar. Pero si no llevamos la luz que destruye las tinieblas y muestra el camino, venimos a ser parte de la misma oscuridad que nos rodea. En ese sentido, como lámparas creadas por Dios, proyectamos luz, pero lo que proyectamos al mundo es una luz negra. No la luz del mundo. No a Jesucristo.

La iglesia de Dios siempre será vista por lo que hace, pero también por lo que no hace. Por tanto, si no cumplimos con el propósito para el que fuimos llamados, no estamos haciendo nada.

Peor aún, estamos haciendo todo lo contrario a ese propósito de Dios. Si no alumbramos con la claridad de la luz, somos una luz negra. Una luz que no alumbra.

¿Qué es la luz negra, en términos de nuestra misión?

- Es el reflejo de un cristianismo inadecuado.
- Es una luz que no cumple con el propósito de la verdadera luz.
- Es cuando nuestro testimonio no corresponde al testimonio de la luz, que es Cristo.
- Es cuando damos un mal testimonio de lo que somos.

Es necesario que cumplamos con nuestra misión de ser la luz del mundo. Pero cumplir con esta misión requiere que nos parezcamos a esa primera luz. Para ser la luz del mundo debemos ser como Cristo. Debemos ser lo que Cristo fue para el mundo.

- Una luz que guía.
- Una luz que ilumina.
- Una luz que muestra.

Lo interesante de todo esto es que estamos inevitablemente en el lugar de la luz. Hoy nosotros somos la luz del mundo. Cristo lo dijo. Cristo nos comisionó. Cristo nos elevó al lugar exacto.

¿Qué luz reflejaremos?

La posición que tenemos como iglesia de Cristo no nos deja sin opción. Estamos aquí para alumbrar y ser luz. Pero el tipo de luz que reflejaremos será producto de nuestra decisión.

- ¿Qué somos para el mundo?
- ¿Luz blanca o luz negra?
- ¿Somos luz en contra de las tinieblas, o somos parte de la luz oscura de las tinieblas?

Mateo 5:16 termina diciendo que por nuestras buenas obras los hombres deben glorificar a Dios. Pero, para eso, nuestras obras deben ser buenas. Nuestras obras deben glorificar a Dios. Lo que significa que Dios es glorificado por nuestras obras, pero implica que Dios puede no ser glorificado por nuestras malas obras.

¿Son buenas nuestras obras? ¿Es Dios glorificado por nuestras obras?

¿Eres luz blanca, o eres luz negra?

PODEMOS HACER ALGO MEJOR

Lectura: Mateo 5:38-42

Comparto con usted esta ilustración de un autor desconocido. Una madre miraba a su pequeño hijo de 6 años mientras dormía en la cama de un hospital. El niño había sido diagnosticado con una leucemia terminal. Como toda madre, quería que su hijito alcanzara sus más deseadas metas, pero ahora la leucemia no le permitiría alcanzar sus sueños. No obstante, la madre no estaba dispuesta a quedarse de brazos cruzados. Tomó la mano del pequeño y le preguntó:

"Billy, ¿alguna vez pensaste en lo que querías ser cuando fueras grande?".

El niño le contestó: "Mami, siempre quise ser bombero cuando creciera".

La madre se dispuso a salir del hospital, asegurándole a Billy que haría todo lo posible por tratar de hacer su sueño realidad.

La mujer se dirigió a la estación de bomberos del pueblo. Allí encontró al jefe de bomberos. Su nombre era Bob, y era un hombre con un gran corazón. Ella le explicó la condición de su hijo, y el deseo que tenía, por lo que le pidió si era posible darle al niño un paseo por la cuadra en el camión de bomberos.

El jefe Bob le respondió:

"Podemos hacer algo mejor. Tenga a su hijo listo el miércoles a las 7 de la mañana. Lo recogeremos y lo haremos "Bombero Honorario" por todo el día. Podrá venir con nosotros a la estación, comer con nosotros, y salir a atender alguna llamada de auxilio. Además, si usted nos da las medidas del niño, le mandaremos hacer un uniforme de bombero genuino. Será un uniforme oficial, no uno de juguete. Será un uniforme como el nuestro".

Tres días más tarde, el jefe Bob apareció en el hospital, le puso al niño el uniforme de bombero y lo llevó desde la cama hasta el camión de bomberos. Lo sentó en el asiento del frente, le puso su cinturón de seguridad y juntos condujeron hasta la estación. ¡El niño se sentía en la gloria!

Hubo tres llamadas de emergencia ese día. Billy salió en todas ellas. Primero fue en el camión bomba, luego en el camión paramédico, y finalmente en el auto oficial del jefe de bomberos. También le tomaron un video para las noticias locales de televisión.

Gracias a que logró su sueño, y por todo el amor que recibió ese día, Billy logró también vivir tres meses más de lo pronosticado por los médicos.

Una noche, los signos vitales de Billy cayeron dramáticamente, por lo que el jefe de enfermería llamó a la familia. De momento, recordó el día que Billy pasó como bombero, por lo que llamó al jefe de bomberos para pedirle si podía enviar a un bombero uniformado al hospital para que estuviera presente en la eventualidad de que Billy no pasara vivo esa noche.

El jefe Bob le respondió:

"Podemos hacer algo mejor. Estaremos allí en cinco minutos. Sólo le pido un favor. Cuando escuche las sirenas del camión, por favor, anuncie por el sistema de altoparlantes del hospital que no se trata de un incendio. Anuncie, por favor, que El Departamento de Bomberos se dispone a visitar a uno de sus más distinguidos miembros del cuerpo. Además, le voy a pedir de favor que abra la ventana de su cuarto".

Cinco minutos más tarde, llegó el camión de bomberos al hospital. Las luces y las sirenas causaron una gran expectación, a pesar de que todos sabían que no había ningún peligro de fuego. De inmediato, colocaron el gancho y la escalera hasta el tercer piso, donde estaba abierta la ventana del cuarto de Billy.

Acto seguido, se produjo el impresionante desfile de 16 bomberos que subían por la escalera hasta el cuarto del niño.

Cada uno de los bomberos abrazaba a Billy, y le decían cuánto lo amaban. La madre no salía de su asombro.

Entonces Billy miró al jefe Bob y le preguntó:

"Jefe Bob, ¿soy un bombero de verdad?".

El jefe Bob le respondió:

"No sólo eres un bombero de verdad. Eres el bombero más valiente de todos".

Todos los presentes le brindaron un cálido y emotivo aplauso, al momento que Billy, con una emoción indescriptible y con lágrimas en sus mejillas, cerró sus ojos por última vez.

Algo que podemos notar durante el ministerio de Jesús es que muy poca gente entendía sus enseñanzas. Es por esta razón que Cristo recurrió a las parábolas para poder hacerse entender por todos.

Por otra parte, la gente que sí podía entender los conceptos del evangelio del Reino eran precisamente aquellos que habían tergiversado la ley para beneficio propio. Debo aclarar que no se trataba de que no comprendieran, sino de que muchas de las enseñanzas de Jesús resultaban un tanto ilógicas en términos humanos.

Este pasaje nos presenta de una manera gráfica a la costumbre y la tradición judía rivalizando con las nuevas enseñanzas de Jesús y el evangelio. Todo el capítulo 5 de Mateo presenta una serie de contrastes lógicos con el uso y costumbre de la enseñanza judía.

Esto me hace pensar que este contraste presentado en el pasaje no se distancia de la realidad que vivimos en nuestros días. Ya sea porque estamos prejuiciados en relación con ciertas situaciones, porque discriminamos a los demás por un sinnúmero de aspectos sociales, religiosos, culturales o raciales, o porque nos resistimos a privarnos de ciertas comodidades, hemos desarrollado una conducta egoísta, mezquina, insensible y distante de los demás.

Hoy en día, vivimos en vecindarios donde no conocemos a nuestros vecinos. Muchas veces no conocemos a los compañeros de trabajo que comparten nuestro espacio laboral por más tiempo del que pasamos en la semana con nuestra propia familia. Peor aún, asistimos a los templos a adorar a Dios, y muchas veces no conocemos al hermano que está sentado a nuestro lado.

No obstante, esto no quiere decir que no somos capaces de ayudar a los demás. Pero muchas veces la ayuda que ofrecemos a los demás está matizada con las mismas características con las que estamos acostumbrados a vivir.

Muchas veces nuestra actitud de ayudar está matizada con el mismo egoísmo, mezquindad y discrimen que definen nuestra relación con los demás.

En ocasiones, la ayuda es meramente una obligación impuesta por cuestiones familiares. En otras ocasiones, ayudamos con el único propósito de obtener algo a cambio, bien sea para adelantar intereses personales o para reclamar deducciones contributivas. Los filántropos se caracterizan por hacer grandes aportaciones económicas a diversos programas de ayuda social, e incluso, tienen sus propias fundaciones para atender estos menesteres. Me parece una labor encomiable. No obstante, muchas de ellas carecen del carácter cristiano que nos presenta este pasaje.

Todo el capítulo 5 de Mateo es, prácticamente, **la síntesis del carácter social del evangelio**. Lo interesante de esta síntesis es que toda ella representó un contraste y un reto para la sociedad judía. Pero de igual forma, representa un desafío hoy a nuestra cristiandad en términos de nuestra vida relacional.

Todo esto tiene una relación directa con el propósito que tenemos como iglesia de Cristo en la Tierra. Es necesario que nuestra salud social esté en óptimas condiciones para que podamos representar dignamente el Evangelio de Cristo y al Cristo del Evangelio.

Si nuestra salud social está maltrecha, ¿cómo creerá el mundo en el Cristo que predicamos? No olvidemos que el mundo verá a Cristo a través de nosotros.

El pasaje que hemos considerado, al igual que el resto de este capítulo 5 de Mateo, no contiene meramente unos contrastes incomprensibles o ilógicos. No se trata de una doctrina incapaz de cumplir, pues pareciera que lo que Cristo pide en este pasaje es que seamos unos tontos a la vista de los demás. Jesús no nos está haciendo este llamado para exponernos ante el mundo como personas de las que se puede abusar o engañar fácilmente. Todo lo contrario. Jesús nos está llamando a provocar el respeto y la admiración del mundo que nos rodea.

Cuando Jesús quiere que nos comportemos de la forma que nos sugiere este pasaje, lo que busca es que su pueblo no sea sencillamente un pueblo bueno. Lo que quiere Jesús es que su pueblo sea extraordinario. Cristo quiere una distinción especial para su pueblo.

- El pueblo cristiano no actúa de acuerdo a la razón del hombre para condenarlo. Actúa de acuerdo a la razón de Dios para bendecirlo.
- El pueblo cristiano debe vivir a un nivel superior a las meras enseñanzas humanas.
- El pueblo cristiano no le da la razón al hombre. Le da la razón a Dios.

- El pueblo cristiano no hace lo que haría el hombre. Hace lo que haría Dios.
- El pueblo cristiano no hace sencillamente todo lo posible. Hace hasta lo imposible.
- Para Jesús, el pueblo cristiano tiene que ser mejor de lo que la religión, las costumbres y las tradiciones le han dicho que puede ser.

Cualquiera puede ofrecer una ayuda en un momento determinado, pero nadie debe ofrecer una ayuda más completa sino el pueblo cristiano. Cualquiera puede hacer más fácil la vida de otra persona. El pueblo cristiano, por su parte, no procurará simplemente facilitar la vida del prójimo. Buscará cambiarla totalmente.

Siempre que nos disponemos a ayudar a los demás, estamos haciendo una gran diferencia en la vida de nuestro prójimo. Pero cuando hacemos algo mejor, cuando damos la milla extra, cuando damos o hacemos algo más, cuando no nos limitamos a hacer estrictamente lo que nos han pedido, estamos haciendo algo realmente extraordinario.

Desde luego, Jesús tenía también otros propósitos especiales cuando nos presenta estas enseñanzas.

Observemos cuidadosamente algunas de ellas.

1. Siempre podemos trascender en nuestra experiencia de vida cristiana.

De alguna forma, cuando podemos hacer algo mejor por nuestro prójimo, estamos haciendo lo que muchas veces Dios hace por nosotros: Superar las expectativas.

Pero eso no es todo. Cuando podemos hacer algo mejor es signo de superación en términos de nuestra experiencia cristiana.

- Es representativo de un avance en nuestro caminar con Dios.
- Es evidencia de crecimiento.
- Es escalar más arriba.
- Es estar a otro nivel.
- Cuando hacemos algo mejor es porque, simplemente, somos mejores.

Siempre es posible ser mejor de los que somos. Siempre podemos hacer algo mejor por nosotros mismos.

Cristo no quiere que limitemos nuestro crecimiento. Cristo quiere que seamos mejores cada día. Mejores en todos los sentidos.

Mejores hombres y mujeres. Mejores seres humanos. Mejores cristianos.

2. Siempre podemos hacer algo mejor por los demás.

Cristo no se limitó a hacer mejor nuestra vida. Cuando Cristo llegó a nuestra vida la cambió por completo. En ese sentido, nuestra función como iglesia y como cristianos debe tener ese mismo carácter. Podemos darle a la ayuda que brindamos a los demás un carácter más integral.

El ser humano precisa satisfacer 4 áreas en su vida:

- Físico
- Intelectual
- Relacional
- Espiritual

Muchas veces la ayuda que brindamos a los demás está muy limitada, porque sólo procura satisfacer una necesidad inmediata, particularmente de una sola de estas áreas.
Esto nos confronta con la realidad de una ayuda incompleta en muchos casos.

El Señor Jesucristo nos lanza un reto muy particular. No se trata de caminar una milla. No se trata de satisfacer una necesidad aparente. Cristo nos hace un llamado a la profundidad. No es meramente resolver el efecto. Es, en muchas ocasiones, profundizar en la causa.

Nuestra ayuda no debe ser una ayuda superficial. Esa clase de ayuda la puede dar cualquier persona. Pero el pueblo de Dios no es, precisamente, cualquier persona. Nosotros no ayudamos como cualquiera. Ayudamos como nadie.

Esto es caminar la milla extra.

- Esto es entregar el manto y la capa.
- Es cuando el pan material incluye el pan espiritual.
- Es cuando damos el pan con un abrazo.
- Es cuando damos el pan, pero procuramos enseñarle a los demás dónde y cómo pueden ellos también conseguirlo.
- Es dar sin egoísmo ni interés.
- Es hacer con ellos lo que nos gustaría que hicieran con nosotros.
- Es ponerle a los demás un uniforme como el nuestro.

Desde luego, tenemos una responsabilidad ministerial con nuestros bienes. Muchas veces tenemos que ejercer cuidado y obrar con la sabiduría de Dios para que nuestra ayuda a los demás no represente perjuicio a los demás. Es cierto que cuando ayudamos a los demás podemos estar creando una dependencia perjudicial, pero eso no debe impedir nuestro desempeño ministerial.

Recordemos que no somos dueños de lo que tenemos. Dios nos lo ha dado todo. Por tanto, entre nuestras obligaciones como mayordomos de los bienes de Dios, tenemos la responsabilidad de atender las necesidades de nuestros semejantes. Si Dios ha de bendecir al mundo, lo hará a través de su iglesia.

Ayudar al prójimo es parte de nuestra adoración a Dios. De otra parte, la Palabra nos enseña a que amemos a Dios con toda nuestra fuerza. ¿Está toda nuestra fuerza puesta en nuestra ayuda? ¿Es la forma en que ayudamos al prójimo un reflejo de nuestro agradecimiento a Dios? ¿Estamos haciendo con nuestro hermano lo que Cristo hizo y sigue haciendo por nosotros?

Lo que hacemos no lo hacemos en términos de quien nos vea. Lo hacemos en términos de quien lo recibe. Tampoco damos para ser bendecidos. Damos porque hemos sido bendecidos.

El llamado al pueblo judío fue uno muy difícil de aceptar. Ahora el llamado es a nosotros.

- ¿Nos limitaremos a pasear al niño en el camión de bomberos, o lo tomaremos con nosotros hasta la estación?
- ¿Seremos capaces de vestir a nuestro prójimo con nuestro mismo uniforme?

- ¿Nos limitaremos a simplemente permanecer en una presencia pasiva, o seremos capaces de subir por la ventana y llenar el cuarto con nuestra presencia, nuestros abrazos y nuestro amor?

La misión evangelística de la iglesia no se limita a una predicación bíblica. Incluye una vivencia bíblica. Predicar el Evangelio de Cristo es hacer lo que el Cristo del Evangelio hizo.

- Llorar con los que lloran.
- Sufrir con los que sufren.
- Dar comida al hambriento.
- Lavar los pies del prójimo.

Nuestra misión no es simplemente predicar. Es servir. Es preguntar lo mismo que Jesús le preguntó al ciego de Jericó en Lucas 18:41: *"¿Qué quieres que te haga?".*

Cristo nos llamó a distinguirnos. A ser diferentes. No es cumplir meramente con un deber.

Podemos hacer algo mejor...

EL GIMNASIO Y LA PRISION

Lecturas: 1 Corintios 12:12-31, 1 Pedro 5:8, Efesios 6:10-20, Juan 17

Una noche regresábamos de casa de la familia de mi esposa, cuando mi hija Ana Cristina, entonces de 5 años, nos preguntó sobre por qué Dios no habla. La pregunta fue una verdaderamente sorprendente. Mi esposa Carmencita le dijo que Dios sí habla, porque Dios habla de muchas formas y por medio de muchas personas. Mi hija, quien pareció no quedar muy conforme con la respuesta de su madre, le indicó que ella le hacía esa pregunta porque ella no escuchaba que Dios le hablara.

Conozco varias personas que pueden testificar que Dios les habla de forma audible. Yo sé que Él lo hace pero, contrario a lo que yo quisiera humanamente, esa no es mi experiencia más común con Dios. Pero puedo decir sin temor a equivocarme que Dios también me habla.

Dios está constantemente revelándose a la humanidad de diferentes maneras. Basta con admirar la creación para darnos cuenta de que en ella Dios nos deja por escrito hermosas palabras que nos recuerdan cuánto Él nos ama.

Pero, como dije, Dios habla de distintas formas (Hebreos 1:1).

Nos habla primordialmente por Su Palabra. Ella es su revelación primaria a los hombres. También nos habla por medio del predicador, por medio de una profecía, por medio de un extraño, a través de la letra de una canción, una flor y hasta por medio de sueños.

En una ocasión viví una experiencia de este tipo. Resulta que en una semana tuve dos sueños muy particulares, pero que de alguna forma se relacionaban entre sí.

En el primer sueño me encontraba en lo que parecía ser un gimnasio. Dentro de ese gimnasio, un grupo de personas se ejercitaban vigorosamente. Se notaba que muchos de ellos se esforzaban duramente por realizar los diferentes ejercicios y las diferentes rutinas. Pude identificar entre el grupo a varios hermanos y hermanas de la congregación. Todos los que se ejercitaban lucían un mismo uniforme, aunque pude notar que cada persona practicaba una actividad diferente. Todos trabajaban en su preparación con mucho interés.

Este sueño me llevó a considerar varias características especiales de la iglesia.

1. Somos atletas en constante preparación.

Como cristianos, tenemos unos sentidos espirituales que debemos mantener en óptimas condiciones, pues estamos corriendo una carrera muy importante. Esta carrera es la carrera de la salvación.

Ahora bien, muchos atletas en el deporte se retiran cuando entienden que su productividad ha decaído. Nosotros, por el contrario, entramos en esta carrera para nunca retirarnos. Esta carrera es una que acabará cuando Cristo venga por nosotros o cuando vayamos a su presencia.

Esto quiere decir que, mientras estemos vivos en esta tierra, tenemos que seguir en la carrera. Para ello, es necesario mantenernos ejercitados constantemente. Si estamos en buenas condiciones, y mantenemos una rutina constante de ejercicios, estaremos siempre aptos para entrar en acción. Además, un buen plan de ejercicios evita posibles lesiones que pueden ponernos fuera de carrera. Y nosotros no podemos darnos el lujo de quedar fuera. Quedar fuera de la carrera no es meramente un lujo. Es lo peor que nos pudiera pasar.

2. Cada cual se prepara en diferentes disciplinas, pero el objetivo es obtener la victoria.

Cuando el Apóstol Pablo nos habla en 1 Corintios 12 de las diferentes partes y funciones del cuerpo, prácticamente establece la verdad bíblica que hemos señalado.

Ciertamente estamos en un mismo equipo, pero como parte de ese equipo, tenemos diferentes funciones asignadas que debemos realizar. Desde luego, todas las partes y todas las funciones son importantes. Tanto es así que cada parte del cuerpo realiza una tarea que ninguna otra parte puede realizar. Así como cada miembro del equipo tiene una función distinta, el cuerpo de Cristo realiza diferentes funciones por medio de cada uno de los hermanos y de los diferentes ministerios que tiene la iglesia.

No obstante, recuerde que cada uno tiene el mismo uniforme. Cada uno trabaja para el mismo equipo. Por tanto, estar ejercitado y en buenas condiciones es un acto de responsabilidad, no sólo para con usted, sino para con el resto del equipo, la misión, que es obtener el galardón, y para con el dirigente del equipo, que es quién lo llama a formar parte del mismo.

3. Necesitamos de un lugar de entrenamiento. Ese lugar es el gimnasio.

Ciertamente podemos practicar ejercicios en cualquier lugar. Pero definitivamente no hay un mejor lugar para hacer ejercicios que el gimnasio. En el gimnasio contamos con todas las facilidades y recursos que nos permitirán dar y obtener el máximo de nuestro esfuerzo.

En cuanto a la iglesia se refiere, nuestro gimnasio espiritual es la Casa de Dios. Podemos hablar con Dios y relacionarnos con El en cualquier lugar, pero no hay un mejor lugar para ello que Su Casa. Es en el templo donde encontramos el ambiente ideal para la adoración, la oración y la instrucción de las Escrituras.

Por tanto, hacer el ejercicio de venir a la Casa de Dios es parte esencial y fundamental de nuestra rutina de mantenimiento. El gimnasio es el lugar ideal para ponernos físicamente en forma. La iglesia, la Casa de Dios, es el lugar ideal para ponernos espiritualmente en forma.

Ahora bien, les comenté que había tenido dos sueños. Pues bien, este segundo sueño lo tuve la noche siguiente. En ese otro sueño me encontraba dentro de un edificio que daba la impresión de ser un hospital, pero en su interior era una prisión. Cuando entré al edificio, fui llevado a un cuarto de materiales. En ese cuarto había una mesa llena de chalecos especiales, de esos que usan los oficiales de corrección. Cuando miré todos los chalecos, encontré uno que tenía mi apellido. También encontré algunos chalecos que tenían el apellido de algunos de los hermanos de nuestra congregación.

Entré al área de la cocina, donde pude notar que algunas de las hermanas de nuestra iglesia estaban allí trabajando. Finalmente, pasé al área interior de la prisión.

Algunos de los prisioneros me miraban con asombro. Otros pretendían desafiarme con su mirada o haciendo toda clase de gestos.

De momento me acerqué a un mostrador que estaba en medio del lugar. Cuando la persona que estaba en el mostrador me vio, me indicó que todos los oficiales estábamos en aquel lugar para prestar un servicio especial. Nuestro trabajo como oficiales era de cuidar a los prisioneros y procurar su bienestar. En adición, me indicó que debía utilizar el chaleco protector en todo momento.

Este otro sueño me hace pensar en otras características especiales de la iglesia. En primer lugar, debemos entender que la iglesia se mueve en dos ambientes: Dentro de la iglesia y fuera de la iglesia. Cuando no estamos en el templo, es porque estamos fuera del templo.

Ahora bien, si aplicamos esta realidad a estos dos sueños y lo que ellos pudieran significar para la iglesia, debemos entender que cuando no estamos practicando en el gimnasio para competir es porque estamos en plena competencia. De acuerdo a este segundo sueño, nuestra área de competencia no es el gimnasio, sino la prisión. Allá afuera. En el mundo.

En ese sentido, lo que aprendemos y practicamos en la iglesia es lo que nos permite vivir fuera de ella.

Podemos decir, entonces, que fuera de la iglesia estamos en el mundo. En otras palabras, fuera del gimnasio estamos en la prisión.

Usted me dirá: "Pastor, tengo una duda. Es muy cierto que el que no está en Cristo está perdido en el mundo. Pero, ¿significa esto que la iglesia está en el mundo?

Permítame recordarle la oración de Jesús por sus discípulos en Juan 17. En esa oración que Jesús hizo por sus discípulos, justo antes de ser arrestado, Él pidió al Padre que los guardara del mundo porque, aunque no pertenecían al mundo, iban a estar en el mundo.

Entonces, así como aquellos discípulos, hoy nosotros debemos recordar que, aunque no pertenecemos al mundo, estamos en el mundo. Dicho de otra manera, la iglesia se pasa la vida entre el gimnasio, que es la iglesia, y la prisión, que es el mundo.

Usted me preguntará: ¿Cómo es posible que la iglesia esté en una prisión? Nosotros somos libres en Cristo. No es posible que estemos en una prisión.

Recuerde que Jesús fue claro en su oración. Aún cuando la iglesia está en el mundo, la iglesia no pertenece al mundo. Por tanto, aún cuando la iglesia está en la prisión de este mundo, la iglesia no está presa.

Entonces, ¿qué hace la iglesia en la prisión?

- La iglesia está en la prisión, que como hemos dicho es el mundo, para prestar un servicio.
- La iglesia no está presa, sino ayudando a todos los que están presos.
- La iglesia no pertenece a la prisión, sino que la iglesia trabaja en la prisión.

Esta verdad me hace pensar en unas realidades prácticas que la iglesia debe considerar. Son unas realidades que interpretamos a raíz de estos dos interesantes sueños.

1. Para desempeñar exitosamente nuestro trabajo en la prisión, es necesario ir primero al gimnasio.

La tarea que le espera a la iglesia fuera del gimnasio no es una tarea fácil. No solamente por los ataques de los que podemos ser víctimas en la prisión de este mundo, sino también por las tentaciones que se nos pueden presentar. Es necesario estar preparados, listos y fuertes. Es importante y vital poder reconocer las artimañas que se ocultan en la prisión. Si primero nos ejercitamos en el gimnasio, estaremos fuertes y robustos para enfrentar lo que se nos pueda presentar en la prisión. En el gimnasio aprenderemos las técnicas defensivas apropiadas para repeler cualquier amenaza en la prisión.

Todo aquello que aprendemos en el gimnasio es para ponerlo en práctica en la prisión.

2. Nos distinguimos por nuestro uniforme.

La verdadera diferencia entre la iglesia y el mundo es que la Iglesia de Dios se distingue. Podemos estar en diferentes lugares alrededor del mundo, pero siempre podemos reconocer quiénes son cristianos y quiénes no. Los cristianos tenemos ese "algo" que nos hace diferentes de los demás.

En la prisión del mundo en la que nos ha tocado trabajar sucede lo mismo. No importa la clase de ropa con la que vistan los prisioneros, los oficiales siempre se distinguen por su uniforme. El cristiano siempre debe sobresalir del grupo. El cristiano siempre debe ser diferente. El cristiano siempre debe distinguirse. No solamente porque podemos reconocernos entre nosotros mismos, sino porque también los prisioneros pueden distinguirnos.

Recuerde que nuestra tarea en la prisión es servir. Si los prisioneros no pueden reconocernos, no sabrán a quién acudir cuando necesiten ayuda. Por tanto, si la gente del mundo no puede reconocernos como cristianos, no estamos cumpliendo con nuestro deber.

Por otra parte, si los prisioneros no pueden reconocernos, estamos corriendo el peligro de que nos confundan con los demás prisioneros. Eso, de por sí, puede ser muy perjudicial en un ambiente tan difícil como la prisión. Las consecuencias pueden ser fatales.

Eso me lleva a considerar otra característica muy importante que no podemos olvidar.

3. No podemos estar desprotegidos.

Como parte de nuestro uniforme, es importante que llevemos nuestro chaleco protector todo el tiempo. Desafortunadamente, no todos lo que se nos acerquen buscando nuestro servicio se acercarán con buenas intenciones. Y ciertamente la prisión es un ambiente muy peligroso.

Esa es la razón principal por la que es necesario utilizar el chaleco protector todo el tiempo. Puesto que estamos trabajando en un ambiente hostil, no sabemos en qué momento alguien querrá atacarnos. Ese alguien usted lo conoce. Si no lo conoce, ya viene siendo hora que lo reconozca.

En este mundo siempre tendremos un enemigo que procurará destituirnos como oficiales y convertirnos en prisioneros. El Apóstol Pedro nos advirtió en 1 Pedro 5:8 que Satanás anda como león rugiente buscando a quien devorar.

Por eso también el Apóstol Pablo nos exhorta en Efesios 6 a tomar toda la armadura de Dios, pues sin ella no podremos repeler los ataques del enemigo.

El chaleco protector no puede faltar en nuestro uniforme. Sin embargo, ese chaleco protector debe siempre estar en buenas condiciones, pues de ese chaleco protector depende nuestra vida. Nuestro chaleco protector no puede estar roto, dañado o perdido.

¿Dónde, entonces, podemos obtener y reforzar nuestro chaleco protector? ¿Dónde podemos acondicionar y fortalecer esta importante pieza de nuestro uniforme? En el templo. En la iglesia. En la Casa de Dios, por supuesto. La iglesia nos proporciona todo lo necesario para salir a ese mundo que se pierde, y que podamos enfrentarlo con seguridad.

Descuidarnos en el ejercicio y el cuidado de todo nuestro uniforme puede ponernos en peligro de quedar prisioneros de este mundo. Si no nos fortalecemos en el gimnasio, estaremos expuestos a ser derrotados en la prisión de este mundo.

¿Dónde está la iglesia?

- Si no está en el templo, está fuera de templo. Si no está en el gimnasio, está en la prisión.

- Si no está ejercitando y fortaleciendo su fe en el gimnasio, está dependiendo de esa fe en la prisión.
- Si no está preparándose y nutriéndose en la Casa de Su Padre, está batallando en el mundo, guardando su fe y ayudando a otros a ser libres de la esclavitud y de la prisión del mundo.

Es hora de tomar en serio nuestro llamado. Nuestra rutina de vida debe consistir en una buena sesión de ejercicios en el gimnasio, para luego tomar nuestro uniforme completo y salir a prestar servicio en nuestro lugar de trabajo, es decir, la prisión.

Hay que ir con el uniforme completo. De no hacerlo, nos estamos arriesgando peligrosamente a no cumplir efectivamente con nuestra tarea, y lo que es peor, que por no tener el chaleco protector, quedemos heridos, lastimados y derrotados, pasando de ser oficiales para quedar convertidos en prisioneros.

¡Prepárese! Nos esperan en la prisión del mundo para trabajar. Afortunadamente las puertas del gimnasio están siempre abiertas.

Venga primero al templo, haga sus ejercicios, tome su chaleco protector y salga a trabajar...

LA FINCA DE TALENTOS

Lectura: Mateo 25:14-30, Efesios 4:7-12, Romanos 11:29

Lo primero que viene a la mente de muchos de nosotros cuando leemos los capítulos 24 y 25 del Evangelio según Mateo es la Segunda Venida del Señor. Ambos pasajes son característicamente proféticos, algunas de cuyas profecías se cumplieron en el año 70 D.C., con la destrucción de la ciudad de Jerusalén, pero también se presentan otras profecías que son de proyección futura.

Lo interesante del capítulo 25 de Mateo es que comienza con la narración de dos parábolas: la parábola de las diez vírgenes y la parábola de los talentos.

Yo le pregunto, ¿no le parece raro que Jesús introdujera dos parábolas en medio de un discurso profético? Parece ilógico, ¿no cree?

No es mi intención apresurarme a juzgar la acción de Jesús como inapropiada. ¡Dios me libre! Lo que realmente pretendo es despertar la curiosidad en usted de que, al menos se pregunte, como lo hice yo, si Jesús pudo haber tenido alguna otra intención para haber hecho tal cosa. Es necesario recordar que Jesús procuraba enseñar las verdades del Reino utilizando este recurso.

Siendo así, me parece que la introducción de estas dos parábolas en medio de todo este mensaje profético responde a un propósito práctico.

Digo que es un propósito práctico, pues las enseñanzas que Jesús compartió con el pueblo por medio de parábolas tenían el propósito de que las mismas fueran de aplicación en la vida diaria. Entonces, si en medio de un discurso profético como este Cristo introduce dos parábolas debe ser porque, en tanto las profecías contenidas en el mensaje se cumplen, es necesario que el pueblo, sus discípulos y, desde luego, nosotros, observemos unas enseñanzas prácticas de utilidad para nuestra vida. Es decir que, mientras se materializa el cumplimiento de la Segunda Venida de Cristo, hay dos lecciones de vida cristiana en las que debemos estar involucrados.

De la parábola de las diez vírgenes se desprende la enseñanza de que debemos estar preparados para cuando llegue el momento de recibir al "esposo". La enseñanza de esa parábola nos advierte sobre la necesidad de estar preparados para la venida de Nuestro Señor Jesucristo. Por otro lado, la parábola de los talentos es, de alguna manera, el llamado o la advertencia sobre la necesidad de estar ocupados. De esta segunda parábola del capítulo se desprende la importante enseñanza de que, mientras nos mantenemos en la expectativa del glorioso retorno de Nuestro Señor, debemos mantenernos trabajando en los asuntos del Reino. Podemos resumir las enseñanzas de ambas parábolas en las palabras del mismo Jesús, cuando dijo en Juan 9:4:

"Me es necesario hacer las obras del que me envió, entre tanto que el día dura; la noche viene, cuando nadie puede trabajar". (RVR60).

Por tanto, es necesario que nosotros, como la iglesia de Cristo y la novia que Él viene a buscar, nos mantengamos trabajando en las obras que Él nos encomendó. Para ello, nos dejó Su Espíritu, El Consolador, el cual también nos da su poder para ser testigos del Reino *"en Jerusalén, en toda Judea, en Samaria y hasta lo último de la tierra".* (Hechos 1:8). Pero también nos dejó dones, habilidades y capacidades para que pudiéramos desempeñar esta tarea de manera efectiva, junto con el poder del Espíritu Santo.

De esto la Biblia nos habla claramente en Efesios 4:7-12:

"Pero a cada uno de nosotros fue dada la gracia conforme a la medida del don de Cristo. Por lo cual dice: Subiendo a lo alto, llevó cautiva la cautividad, y dio dones a los hombres. Y eso de que subió, ¿qué es, sino que también había descendido primero a las partes más bajas de la tierra?".

"El que descendió, es el mismo que también subió por encima de todos los cielos para llenarlo todo. Y él mismo constituyó a unos, apóstoles; a otros, profetas; a otros, evangelistas; a otros, pastores y maestros, a fin de perfeccionar a los santos para la obra del ministerio, para la edificación del cuerpo de Cristo". (RVR60).

Hemos también considerado en otras ocasiones que, en adición a estos dones ministeriales, y a los dones espirituales mencionados en 1 Corintios 12, también Dios repartió infinidad de capacidades y habilidades con el mismo fin de bendecir la iglesia y facilitar su obra evangelística.

La parábola de los talentos nos presenta a un hombre que tenía tres siervos, a quienes encomendó sus bienes y luego se fue lejos. Al regresar ajustó cuenta con ellos. Él consideró la manera en la que estos siervos habían cuidado y negociado con sus bienes. El ajuste de cuentas arrojó el resultado de que dos de estos siervos utilizaron los talentos de su amo dejados a su cargo para procurar el engrandecimiento del tesoro de su señor, mientras uno de ellos no mostró diligencia en su gestión. Los dos siervos fieles recibieron su recompensa y el siervo infiel recibió su castigo.

Las aplicaciones a la vida cristiana de esta parábola son tan variadas como las enseñanzas mismas que el pasaje contiene.

No obstante, yo quisiera aportar algunas otras aplicaciones que podemos derivar de esta parábola. En otras palabras, no quisiera decir lo mismo que muchas veces escuchamos en relación al pasaje. No es que lo que conocemos o hemos oído esté mal. Es simplemente añadir nuevos puntos de vista que enriquezcan nuestro conocimiento en la interpretación del texto.

Consideremos algunas de estas ideas.

1. Dios es quien reparte los dones y los talentos, y sabe de la manera que lo hace.

La primera consideración de esta aseveración está sostenida por la Escritura. Bien dice Santiago 1:17:

"Toda buena dádiva y todo don perfecto desciende de lo alto, del Padre de las luces, en el cual no hay mudanza, ni sombra de variación". (RV).

También sabemos que Dios tiene un propósito con todo lo que hace o permite, y que ese propósito se cumplirá según el plan trazado por Dios mismo.

El salmista declara esta verdad de manera absoluta cuando dice en Salmos 138:8:

"Jehová cumplirá su propósito en mí". (RVR60).

El Apóstol Pablo también lo afirma, y confiesa estar persuadido de esto, cuando dice en Filipenses 1:6 que *"el que comenzó en vosotros la buena obra, la perfeccionará hasta el día de Jesucristo".* (RVR60).

Siendo así, podemos afirmar que Dios reparte sus dones entre nosotros con el fin de ir perfeccionándonos en el desempeño de nuestra tarea hasta que por fin se cumplan las profecías contenidas en el discurso profético de Mateo 24 y 25. Ya en Efesios 4:12 leímos que esta repartición de dones tiene el propósito de *"perfeccionar a los santos para la obra del ministerio, para la edificación del cuerpo de Cristo".* (RVR60). Esta realidad nos conduce a considerar la siguiente enseñanza.

2. Hay que usar los dones que Dios nos da.

La razón para esto es simple. Si no utilizamos los talentos que Dios nos ha repartido, no seremos santos perfeccionados para la obra del ministerio ni el cuerpo de Cristo podrá edificarse efectivamente. Corremos el inmenso peligro de fracasar en nuestra misión. Ahora, note bien que entre los resultados de no utilizar los dones dados por Dios no hemos mencionado lo que muchas personas comentan y afirman. Muchas personas creen que los talentos que no se usan se pierden, mientras otros creen lo contrario, afirmando que Pablo dice que son "irrevocables".

Lo cierto en que la Palabra de Dios considera ambas posturas desde la responsabilidad y participación que tenemos con esos dones dados por Dios.

Vamos por partes. El Apóstol Pablo nos dice en Romanos 11:29: *"Porque irrevocables son los dones y el llamamiento de Dios"*. (RVR60). Es decir, que tanto el llamado de Dios, la comisión encargada a la iglesia, y la responsabilidad de los dones repartidos a la misma iglesia para que puedan trabajar y cumplir con la tarea asignada mientras Cristo regresa son irrevocables. No expiran. La parábola de los talentos nos enseña que Nuestro Señor vendrá a ajustar cuentas con sus siervos, y que, por lo tanto, tendremos que rendir cuentas por esos talentos que nos fueron otorgados. Esa es nuestra responsabilidad irrevocable.

No obstante, no es menos cierto que estamos sujetos a perder la participación que tenemos con esos dones si somos irresponsables con el uso de esos talentos. Eso le ocurrió al siervo infiel de la parábola. Su talento le fue quitado. Lo perdió. No obstante, tuvo que pagar las consecuencias de su irresponsabilidad. En ese sentido, la responsabilidad es por disposición de Dios, quien siempre es fiel e irrevocable en su llamado, mientras que la participación es por disposición nuestra, quienes no siempre somos tan fieles como deberíamos. De alguna manera, entonces, somos responsables de participar.

Conviene, entonces, que estemos utilizándolos para el engrandecimiento del Reino. Esto debe despertar en nosotros una gran inquietud, en el sentido de la utilización de los dones en la iglesia. La realidad es que los dones de Dios están en la iglesia. Por otro lado, la triste verdad que tenemos que admitir es que no todos los dones de Dios se están utilizando adecuadamente. Uno de los propósitos de esta parábola es señalar esta verdad. Entonces, si los dones están en la iglesia, pero no los estamos utilizando:

- ¿Quién los tiene?
- ¿Dónde están?
- Esos dones no están perdidos. Simplemente, y de acuerdo a la parábola, están enterrados.

Tal y como hemos considerado en esta enseñanza, hay que utilizar los dones que Dios nos ha dado. ¡Podemos hacerlo! ¡Tenemos el poder de Su Espíritu para hacerlo!

Ahora bien, si esto quedó totalmente claro, si hemos comprendido que tenemos los dones de Dios para cumplir con nuestra misión, si hemos entendido que debemos utilizarlos, y si hemos reconocido que tenemos el poder del Espíritu Santo para realizarlo, la pregunta legítima y aceptable que pudiéramos hacernos es: ¿Cómo los utilizo? Si los voy a invertir en el Reino de Dios y para el Dios del Reino, ¿cómo lo hago?

En esa dirección nos conduce nuestra siguiente enseñanza.

3. Debemos utilizar los dones de Dios de acuerdo con el propósito del Dios de los dones.

Lo más lógico que pudiéramos pensar en ese sentido es que ciertamente la utilización de estos dones debe estar atada al Espíritu del Dios que nos los otorga. Esto producirá que a través de la ejecución de los dones de Dios por medio del Espíritu Santo la iglesia se edifique y que seamos perfeccionados para la obra del ministerio. De esta manera nos evitaríamos tanta frustración y apatía por causa del servicio a Dios.

Es una desafortunada realidad de que hay mucha gente frustrada haciendo lo que no fue llamado a hacer, o que está utilizando su talento equivocadamente. Por otro lado, hay mucha otra gente que sencillamente no está haciendo nada con su talento, y por eso también están frustradas. La verdad es que debemos utilizar nuestro talento en conexión directa con el Espíritu Santo para que sea de edificación a la iglesia. Sin el Espíritu Santo, los dones no edifican la iglesia.

En ese sentido, cabe mencionar que hay muchas personas con dones especiales otorgados por Dios que no están utilizando esos dones para la edificación de la iglesia.

Muchas personas los usan para su propio beneficio o vanagloria. ¡Qué desperdicio, ¿no le parece?! Desde esa perspectiva, podemos señalar algunos errores comunes en la utilización de los dones de Dios:

- Utilizarlos para nuestro propósito y no para el propósito de Dios.
- Utilizarlos equivocadamente en <u>lo que a nosotros nos parece</u> que es el propósito de Dios, lo que denota una falta de alineamiento y conexión con el Dios de propósitos.
- Simplemente no utilizarlo y enterrarlo, lo que demuestra una falta de fe en Dios mismo, Su poder por medio del Espíritu Santo y su propósito.

Cuando no estamos haciendo con nuestro talento lo que deberíamos estar haciendo es indicativo de que estamos desconectados del Espíritu de Dios y apartados de su propósito.

Entonces, para evitar tanta frustración, tanta falta de fe y la inactividad de nuestros talentos, es necesario considerar una observación interesante en la parábola de los talentos que tiene que ver con la cantidad de talentos que les fue entregada a los siervos.

4. Dios sabe a quienes les da 5 talentos, a quienes les da 2 talentos y a quienes les da solamente uno.

En eso el pasaje es categórico. Jesús indica que la repartición de estos talentos por parte del amo a sus siervos se realizó en proporción con la capacidad de cada uno de ellos. Mateo 25:15 indica que le dio *"a cada uno conforme a su capacidad".* (RVR60).

El Apóstol Pablo también destaca y afirma esta verdad cuando en Romanos 12:6 indica que la adjudicación de la diversidad de dones en el cuerpo de Cristo es *"según la gracia que nos es dada".* (RV). En ese sentido, esta repartición de dones en la iglesia corresponde a una discreción soberana y absoluta de Dios, quien nos conoce mejor de lo que nos conocemos nosotros mismos, o creemos conocernos.

La Palabra de Dios es certera y específica en señalar esta verdad. Una vez más, el Apóstol Pablo nos dice en Romanos 12:3 lo siguiente:

"Digo, pues, por la gracia que me es dada, a cada cual que está entre vosotros, que no tenga más alto concepto de sí que el que debe tener, sino que piense de sí con cordura, conforme a la medida de fe que Dios repartió a cada uno". (RVR60).

Todo esto apunta hacia una consideración interesante. En término de la utilización de los talentos, es necesario reconocer que en ocasiones queremos atribuirnos más talentos de los que realmente nos han sido dados. Esto es lo que pudiéramos llamar una verdad explícita del texto de Romanos.

Pero, por otra parte, la verdad implícita de ese texto apunta a que muy posiblemente muchos de nosotros no queremos reconocer que, en efecto, hemos sido bendecidos con un don de Dios que, por temor, apatía, inconformidad o desconocimiento, no estamos ejerciendo. Es decir que, en lugar de tener un concepto más alto del que debemos tener de nosotros mismos, estamos teniendo un concepto nuestro más bajo del que realmente deberíamos considerar.

Esto es sumamente peligroso, si consideramos que ambas posturas representan de alguna manera una resistencia nuestra al don de Dios, y resistir el don de Dios es resistir el propósito del Dios que otorga el don.

¿Qué detalles particulares de esta enseñanza se desprenden de la parábola de los talentos en ese sentido?

Veamos algunas de ellas.

- Si Dios te dio cinco talentos es porque puedes trabajar con más de dos.
- Si Dios te dio dos talentos es porque no puedes con cinco, pero puedes con más de uno.
- Si Dios te dio un solo talento, es porque con ese único talento puedes producir como el que tiene dos o como el que tiene cinco.

La consideración sigue siendo la misma para todos, porque todos tenemos al menos un don que nos ha sido entregado. En ese sentido, la cantidad de dones no determinan la obra del Espíritu en nosotros. Con nuestro único don podemos edificar la iglesia si lo utilizamos en conexión con el Espíritu de Dios.

Por otra parte, la parábola de los talentos también nos enseña que negociar o utilizar el don dado por Dios para beneficio de la iglesia siempre producirá ganancias. Note bien que ninguno de los siervos que utilizaron el talento según el propósito de su señor obtuvo pérdidas, lo que indica que la utilización de los dones de Dios en el propósito de Dios para la iglesia siempre cumplirá con el propósito con el que fue otorgado.

No tan solo eso. Por si fuera poco, la parábola de los talentos nos enseña también que la utilización de estos dones de acuerdo al propósito de Dios producirá en nosotros recompensas buenas, agradables y perfectas.

¡Tal cual es la voluntad de Dios! (Romanos 12:2).

Los siervos fieles entraron al gozo de su señor. Ciertamente nosotros, si perseveramos en el propósito de Dios, reconociendo y utilizando los talentos que Dios nos ha dado, y lo hacemos procurando el poder del Espíritu Santo, obtendremos igualmente los mismos resultados y las mismas recompensas.

Dios te ha dado al menos un talento, y te ha dado ese talento porque eres uno de sus siervos, trabajas para el Reino de los Cielos y Él ha visto en ti la capacidad de poder trabajarlo.

- ¿Sabes que lo tienes?
- ¿Lo estás negociando de acuerdo al propósito de Dios, o de acuerdo al tuyo?
- ¿Está activo o está enterrado?
- ¿Acaso crees que lo has perdido?

¡Tu talento no está perdido! ¡Búscalo donde lo enterraste!

La iglesia pudiéramos compararla con una finca de talentos. Pero esos talentos no se cultivan sembrándolos o enterrándolos. Se desarrollan en el trabajo. No se siembran. Se trabajan. No son semillas. Son herramientas. Lo que realmente sembramos con nuestros talentos y con el poder del Espíritu Santo es la Palabra de Dios en los corazones de la gente.

La iglesia no es el campo. La iglesia es el cuartel general de los operadores del campo. No obstante, el cuartel debe permanecer bonito, bien edificado y apto para recibir la siega. Es entonces que nuestros talentos bendicen a la iglesia, habilitándola para la función para la que fue llamada. Es entonces que los santos son perfeccionados para la obra del ministerio y se edifica el cuerpo de Cristo. (Efesios 4:12).

La profecía nos dice que la noche pronto llegará, y ya nada podrás hacer con ese talento. Se acerca el ajuste de cuentas del Señor. ¡Apúrate! ¡No lo desperdicies! No procures el talento de los demás. Brilla en el sitio donde estás poniendo en acción tu propio talento. El Espíritu Santo te da el poder para lograrlo.

Y recuerda que, al hacerlo, te espera una gran recompensa...

LA VISION SISTEMICA Y EL CRECIMIENTO DE LA IGLESIA

Lectura: Hechos 2:44-47

¡Cuánto ha crecido la iglesia a través de los tiempos! A través de la historia podemos corroborar que el propósito de Dios se ha cumplido. Cristo, la semilla que cayó en tierra, ha producido frutos de salvación en todos los rincones del planeta. Y la verdad es que la historia nos apoya, pero desafortunadamente nos contradice a la misma vez en ese sentido.

Nos apoya porque, ciertamente la iglesia ha avanzado en muchas áreas a través de los años. Estamos en casi todo el mundo, contamos con nuevos recursos y hemos innovado muchas de nuestras prácticas. No obstante, todo este crecimiento no ha carecido de tropiezos e inconvenientes retrógrados, no solo por las dificultades que la iglesia ha enfrentado desde todas las perspectivas considerables, sino porque, desafortunadamente, en más ocasiones de las que hubiéramos deseado, nosotros también nos hemos propinado estocadas incapacitantes.

En más ocasiones de las que nosotros somos capaces de aceptar, hemos sido nosotros mismos quienes hemos entorpecido el crecimiento de la iglesia.

Esto, además de ser una contradicción, es una realidad sumamente frustrante.

Yo pienso que el tiempo de frustración y desánimo más común para un pastor o líder de iglesia es aquel en el que da la impresión de que la comunidad de fe no crece. En ese sentido, muchos han desarrollado estrategias y conceptos para identificar, definir y explicar los trabajos que son necesarios para lograr ese crecimiento deseado. De ahí, han surgido palabras como "iglecrecimiento" y "eclesiología".

¿Qué es "eclesiología"? Por definición, la eclesiología es la parte de la teología cristiana dedicada al estudio de la función que desempeña la iglesia (como comunidad particular o como organización denominacional) en su práctica teológica y dogmática, dentro de su contexto socio-cultural específico.

Desde esa perspectiva, usualmente consideramos elementos como:

- Composición.
- Creencias.
- Gobierno.
- Labores.
- Visión.
- Misión.

Ahora bien, al hablar de "iglecrecimiento", hablamos de un concepto compuesto.

De hecho, la palabra "iglecrecimiento" es un término compuesto de dos palabras: iglesia y crecimiento. Por tanto, hablar de iglecrecimiento es hablar del crecimiento de la iglesia. Entonces, y tal como hicimos con el término "eclesiología", sería propio identificar cuáles pudieran ser algunos de los conceptos en los que pensamos cuando hablamos de este tema. Mencionaremos algunos, tales como:

- Estrategias.
- Métodos.
- Modelos.
- Características.
- Balance.
- Procesos.
- Cultura.

La realidad es que todos estos conceptos no tendrían sentido si no tienen un propósito definido. Esta es una realidad práctica en cualquier perspectiva de la vida.

Por tanto, pienso que lo fundamental en la aplicabilidad y viabilidad de estos conceptos no están precisamente en lo particular de ellos, sino en la utilización de ellos en la realización del propósito. Es necesario, entonces, para cualquier asunto de la vida, identificar el propósito de lo que haremos para luego comenzar a identificar los elementos o conceptos que nos ayudarán a elaborar e implementar nuestro propósito.

¿Cómo comparan, entonces, la eclesiología, (la ciencia de la función de la iglesia) y el iglecrecimiento? Permítame comenzar contestando esa pregunta con otras preguntas:

- ¿Cómo el mundo recibirá nuestras creencias si nuestros modelos, métodos y estrategias no nos permiten hacerlo efectivamente?
- ¿Cómo recibirán nuestra visión si no comprenden el proceso, o si no responde a su cultura?
- *"¿Cómo, pues, invocarán a aquel en el cual no han creído? ¿Y cómo creerán en aquel de quien no han oído? ¿Y cómo oirán sin haber quién les predique?"* – Romanos 10:14.

Vayamos por partes. En cuanto a la eclesiología y el iglecrecimiento se refiere, ese propósito ya está definido. Dios tiene como propósito *"que todos los hombres procedan al arrepentimiento"*. (2 Pedro 3:9). Para ello, edifica la iglesia sobre la Roca, que es Cristo. (Mateo 16:18). La iglesia recibe de parte de Dios este propósito, esta misión. Por tanto, la iglesia no tiene otra misión que no sea la que le es impartida por Dios. La iglesia, entonces, no tiene una misión propia, sino que es portadora de la "Misión Dei", o misión de Dios.

Ahora bien, esta misión de Dios para la iglesia es una de carácter integral, es decir, que atiende todas las dimensiones de la vida.

Recordemos las palabras del Apóstol Pablo cuando nos dice en Colosenses 1:20 que el Padre ha procurado en Cristo *"reconciliar consigo todas las cosas, así las que están en la tierra como las que están en los cielos, haciendo la paz mediante la sangre de su cruz".*

Por tanto, aunque el enfoque de la misión de Dios para la iglesia está dirigido en el crecimiento, no se trata meramente de un crecimiento numérico. Desde luego, el crecimiento es indicativo de que la misión de Dios, así como cualquier otra misión, se está desarrollando de manera saludable.

No obstante, el crecimiento enfocado en la misión de Dios considera un asunto más amplio. Se trata de un crecimiento general. En todas las áreas de la vida. Se trata de un crecimiento sistémico. Se trata de "todas las cosas" que deben ser reconciliadas en Cristo.

Jesús, en su carácter humano, también experimentó este desarrollo integral y saludable. Lucas 2:52 nos muestra de manera gráfica este crecimiento integral del Niño Dios en todas las áreas de su vida:

- Sabiduría – Aspecto Intelectual.
- Estatura – Aspecto Físico.
- Gracia para con Dios – Aspecto Espiritual.
- Gracia para con los hombres – Aspecto Social.

La misión de Dios para la iglesia también presenta estas mismas características integrales. Las características integrales de la iglesia deben ser las mismas características integrales que tiene su base, que tiene su fundamento, que es Cristo. Por tanto, podemos comenzar a identificar algunas de las características que definen el propósito o la razón de ser de la iglesia:

- Dios desea que la iglesia crezca. Pero, ...
- Dios no desea que la iglesia crezca únicamente en términos numéricos, como tampoco que sólo crezca en términos espirituales sin agregar nuevos miembros.
- En ese sentido, las dos clases de crecimiento deben producirse simultáneamente.

El balance en el crecimiento de ambas formas evitará deformidades del crecimiento. Una proporción balanceada de crecimiento propiciará un crecimiento igualmente balanceado, saludable y evidente.

Desde esta perspectiva, los conceptos o elementos que definen el propósito de la iglesia dejan de ser el fundamento del propósito y se convierten en herramientas y recursos para alcanzar el mismo. Dejan de ser el "qué" del propósito de la iglesia y se convierten en el "cómo" para alcanzar el objetivo.

En ese sentido, ya podemos entender algo muy importante. No todas las estrategias de crecimiento aplicarán a nuestra realidad local, social o cultural. Considerar este aspecto es fundamental para la eficacia de nuestro trabajo en el cumplimiento de la misión, y será determinante en el éxito o el fracaso de la misma.

Es necesario analizar y evaluar la realidad particular de cada iglesia para determinar la estrategia y los métodos a utilizar y ejecutar. No podemos enajenarnos de nuestra realidad cultural, cualquiera que esta fuere, pues hay una correlación directa entre lo que está pasando en el mundo y lo que le está pasando a la iglesia.

La verdad es que la iglesia se impacta con la realidad mundial. No obstante, la iglesia está llamada a impactar la realidad mundial. Esta verdad, además de ser una demostración de la más elemental interacción sistémica, es también el reto de la iglesia. Este es, precisamente, el paradigma de la dimensión terapéutica de la iglesia.

Por otro lado, aun cuando la realidad particular de cada iglesia es diferente, hay elementos, factores o principios que son comunes en las iglesias que evidencian crecimiento. Son factores o principios que no dependen o no están atados a estrategias específicas.

Son, más bien, esas cosas que hacen todas las iglesias que crecen:

1. Desarrollan un liderazgo con una conciencia de trabajo en equipo, transfieren sus conocimientos a otros y desarrollan una visión de cambio para combatir la resistencia a ese cambio y para mantener actualidad y vigencia en los diferentes métodos y estrategias.
2. Identifican e integran todos los dones y ministerios.
3. Alientan el compromiso, la pasión y el entusiasmo como parte de una vivencia espiritual ferviente.
4. Establecen estructuras que respondan al propósito, en lugar de someter el propósito a estructuras que pudieran convertirse en arcaicas o no funcionales.
5. Desarrollan el culto como una experiencia y no como una liturgia. De esta forma el culto no mueve a la gente, sino que la gente se mueve al culto.
6. Trabajan la comunión íntima, el ambiente familiar, la ayuda práctica y la interacción espiritual mediante grupos pequeños. Esto permite un mejor manejo del grupo y de las necesidades particulares de los integrantes de ese grupo.
7. Contextualizan el mensaje del Evangelio a la realidad del oyente, enfocando las necesidades e inquietudes, y sin que ello represente una técnica de manipulación.

Para ello, desarrollan un estudio de necesidades de la comunidad y definen estrategias de acuerdo a las necesidades identificadas.

8. Participan en actividades sociales saludables fuera de la iglesia.

Cualquiera pudiera decir que estos principios identifican y establecen nuevos paradigmas en aquellos que queremos y deseamos ver crecer nuestras iglesias en todas las dimensiones. Sin embargo, lo que realmente hemos identificado no es nada nuevo. La verdad es que no hemos inventado la rueda. Lo que realmente podemos reconocer en todos estos factores o principios es simple y sencillamente lo que fue la práctica de la Iglesia Primitiva.

Ahora bien, no comencemos considerando la Iglesia Primitiva como aquella establecida en Jerusalén luego del Día de Pentecostés, según narra Hechos 1. Lo cierto es que la iglesia comenzó con una piedra angular. Dice el Apóstol Pedro que esa principal piedra angular fue *"escogida y preciosa"*, y que era necesario creer en esa Piedra escogida para no ser avergonzados. (1 Pedro 2:6-7). No hay duda de que Cristo es Nuestra Roca inconmovible.

Luego de este fundamento firme, Marcos 3:14-15 nos presenta a Jesús escogiendo a sus 12 discípulos.

Esta elección da continuidad al establecimiento posterior de la iglesia y, desde luego, esta elección nos muestra un propósito de carácter sistémico. Un propósito para toda la dimensión de la vida humana.

"Y estableció a doce, para que estuviesen con él, y para enviarlos a predicar, y que tuviesen autoridad para sanar enfermedades y para echar fuera demonios". (RVR60).

Los discípulos son escogidos, en primer lugar, para que anduviesen con Jesús. El propósito de haber sido escogidos para andar con Jesús fue que, luego de andar con Jesús, (y no de otra forma), los discípulos tendrían la oportunidad de predicar el evangelio del Reino que Jesús predicaba.

Cualquiera pudiera predicar del evangelio, pero para que su predicación cumpla con el propósito de la misión de Dios, es necesario primero andar con Jesús.

Entonces, para que pudieran predicar con propósito ese evangelio del Reino, les era necesario tener autoridad y poder para poder establecer el Reino del evangelio. Ellos, entonces, serían capaces de sanar todo lo que fuera necesario sanar, en todas las dimensiones de la vida humana. Que "todas las cosas", (Colosenses 1:20), pudieran ser reconciliadas en Cristo por el trabajo que ellos realizarían.

El propósito era entonces, y sigue siendo hoy, que por el mensaje del evangelio, y el poder que nos es dado para hacerlo, reconciliemos en Cristo todas las cosas.

Ahora bien, la primera iglesia tenía como práctica fundamental la aplicación de una visión sistémica al ejercicio de la misión de Dios. Observe lo que nos dice Hechos 2:44-47, en lo que podemos llamar El Orden de Crecimiento de la Iglesia:

"Todos los que habían creído estaban juntos, y tenían en común todas las cosas; y vendían sus propiedades y sus bienes, y lo repartían a todos según la necesidad de cada uno. Y perseverando unánimes cada día en el templo, y partiendo el pan en las casas, comían juntos con alegría y sencillez de corazón, alabando a Dios, y teniendo favor con todo el pueblo. Y el Señor añadía cada día a la iglesia los que habían de ser salvos". (RVR60).

El pasaje reconoce las 4 áreas de la vida integral del ser humano, tal y como se identifica en Cristo desde Lucas 2:52, pero ahora desde la perspectiva de la vida de la iglesia.

-   Los elementos sociales y familiares se reconocen y se manifiestan en la iglesia que es responsable con su hogar, que tiene con la familia un buen testimonio y que tiene favor con todo el pueblo.

- La conciencia intelectual de la iglesia reconoce la obediencia a la Palabra de Dios cuando identifica y atiende las necesidades del prójimo. Este no es un acto de misericordia altruista o filantrópica, sino una demostración de conciencia y de un ejercicio de obediencia en respuesta a lo que las Escrituras nos hacen reconocer.
- El aspecto espiritual de la iglesia se evidencia con la unanimidad y la perseverancia de "todos los que habían creído" en la adoración a Dios en el templo y la alegría y sencillez de corazón con la que compartían todas sus cosas.
- Como consecuencia de esta dinámica sistémica saludable, el Señor se encargaba de añadir a su crecimiento integral el crecimiento físico de la congregación. Dios se encarga del aspecto de crecimiento físico de la iglesia, lo que ha sido precisamente la principal frustración de todos aquellos que piensan que el crecimiento numérico de la iglesia depende de ellos.

Pienso entonces que, de alguna forma, hemos perdido el tiempo buscando las mil y una formas de hacer en funciones lo que no nos corresponde, cuando solamente deberíamos estar siendo y haciendo una sola cosa: SER IGLESIA. Para hacer lo que la iglesia debe hacer, debemos ser primero la iglesia que después hará.

En ese sentido, pienso que esto define un orden funcional, que desafortunadamente hemos estado trastocando. Dígame si no:

- Estamos muy ocupados en trabajar para que la gente llegue a la iglesia, cuando deberíamos estar trabajando como iglesia con la gente que llega.
- Estamos muy ocupados en hacer que la gente llegue a la iglesia, y no nos estamos ocupando ser la iglesia donde llegue la gente.

Esto nos hace pensar que, en realidad, no es necesario reinventar la rueda, sino rescatar los conceptos que la Palabra de Dios nos presenta en el modelo de la iglesia de los primeros cristianos. De alguna manera, se nos ha olvidado que es necesario que la iglesia, antes de crecer, sea iglesia. La iglesia no debe esperar a crecer para considerarse iglesia. La iglesia no será iglesia porque crezca o cuando crezca. La iglesia crecerá cuando sea iglesia.

Este paradigma bíblico es tan efectivo que no solamente aplicó funcionalmente en el modelo de la Iglesia Primitiva, sino que, de alguna forma, pareciera estar hecho a la medida de cualquier realidad social o cultural.

Muchas veces, cuando se habla de este tema, se habla de ministerios, y de la variedad de los tantos que se pueden desarrollar en las iglesias.

En ocasiones hasta nos quejamos de que en nuestras iglesias no hayan los ministerios que vemos en otras congregaciones. Sin embargo, me parece que muchas veces equivocamos el propósito de los ministerios. La verdad es que los ministerios en la iglesia no sirven al mundo. Los ministerios no son para ganar las almas para Cristo. Los ministerios son para servir a las almas que se ganan para Cristo.

Lo que verdaderamente gana almas para Cristo no es el ministerio. Es la misión. Los ministerios de la iglesia sirven a la iglesia. Los ministerios en la iglesia sirven para ayudarnos a ser mejores como iglesia. El Apóstol Pablo especifica claramente el propósito de los ministerios en la iglesia. En Efesios 4:11-12 nos dice:

"Y él mismo constituyó a unos, apóstoles; a otros, profetas; a otros, evangelistas; a otros, pastores y maestros, a fin de perfeccionar a los santos para la obra del ministerio, para la edificación del cuerpo de Cristo". (RV).

Piense en esto. ¿Para qué nos sirven los ministerios en la iglesia?

- Un ministerio de adoración en la iglesia nos sirve para ayudarnos a cumplir con efectividad el propósito para el que Dios nos creó, esto es, que le adoremos. Este ministerio nos perfecciona y nos edifica en ese propósito.

- Un ministerio de compasión en la iglesia nos ayuda a crear una conexión social con el mundo necesitado. Recordemos que, aunque no somos del mundo, estamos en el mundo, y somos la luz y la sal de esta tierra.
- Un ministerio de educación nos ayuda en la capacitación de los miembros del cuerpo para ser más efectivos en lo que somos y en lo que hacemos. Nos capacita para ser una mejor iglesia.

El ministerio no es el propósito de la misión para la iglesia. La misión y el ministerio son dos cosas muy diferentes. La misión es nuestro norte. Nuestra razón de ser. El ministerio nos ayuda a ser esa iglesia que porta la misión.

La gente creerá en el evangelio, no meramente porque lo prediquemos, sino porque lo vean demostrado en nuestra vida. La iglesia no necesita concentrar su esfuerzo en que la gente venga a la iglesia, siempre y cuando cumpla con la proclamación del evangelio. La iglesia debe concentrar su esfuerzo en ser iglesia, para que la gente quiera venir y ser parte de la iglesia.

La visión sistémica aplicada al modelo eclesiológico de la Iglesia Apostólica del primer siglo nos permite esbozar los siguientes pensamientos:

1. La tarea de la iglesia ya está definida. El plan de la iglesia es el plan de Dios.

2. El ministerio es renovable y transferible. Se renueva de día en día para satisfacer la necesidad apremiante del mundo, y es transferible porque la misión de Dios para la iglesia también ha ido pasando de generación a generación.
3. Las estrategias no son el fin, sino los medios para alcanzar el propósito.
4. La renovación de nuestro pensamiento incluye la renovación de estrategias y el atemperar las mismas a la realidad y necesidad particular de nuestra comunidad o cultura.
5. La iglesia debe ser influyente, observando y manteniendo una posición central, activa y vanguardista.

El mundo en el que la iglesia vive está en crisis en todas las dimensiones de la vida. Ante esa realidad, la iglesia de Dios tiene una responsabilidad y un desafío, en primer lugar, con el Dios de quien hemos recibido la misión, y en segundo lugar, con la humanidad que espera y demanda de la iglesia una respuesta. Nuestra teología tiene que estar, entonces, en diálogo permanente con la realidad del mundo que pretende impactar. De otra manera, estamos descontextualizados y desenfocados.

Dios ha actuado en la historia de muchas maneras y en todos los contextos humanos. La iglesia, en ese sentido, ha sido Su instrumento preferido.

Pero, para ser un instrumento eficaz para Dios, es necesario que nos contestemos la siguiente pregunta:

- ¿Estamos contentos con lo que hemos alcanzado hasta ahora?

Si nuestra respuesta es sí, pienso que hemos cometido el error de construir 3 enramadas, y nos hemos quedado muy cómodos en lo alto del monte. Pero, si nuestra respuesta es no, (y yo confío que así sea), pienso entonces que hemos comenzado a experimentar una nueva visión. Una visión que sea capaz de considerar cambios necesarios y saludables.

Siempre he dicho que, si queremos comenzar a ver cosas diferentes, debemos comenzar a hacer cosas diferentes. Sin embargo, si hoy en día no vemos lo que antes veíamos, es porque hemos dejado de hacer lo que antes hacíamos. Por tanto, hacer las cosas diferentes pudiera ser un llamado a volver a hacer las cosas que hoy no hacemos, o que cambiamos inconscientemente en el camino.

Esto requerirá, como nos sugiere el profeta Jeremías, que reflexionemos sobre lo siguiente:

- ¿Qué nos ha pasado?
- ¿Qué hemos hecho?
- ¿Qué hemos olvidado?
- ¿Qué debemos hacer?

Jeremías 6:16 nos recuerda que nos detengamos en el camino. Es necesario hacer un alto en nuestra loca y desenfrenada carrera por querer hacer lo que le corresponde a Dios. Es necesario que miremos. Que miremos lo que hemos hecho, lo que no hicimos y lo que deberíamos estar haciendo.

Si no sabemos, o hemos olvidado las buenas prácticas y costumbres, preguntemos "por las sendas antiguas". Una vez reconocidas y recuperadas esas costumbres, es necesario considerarlas para su aplicación práctica en todas las áreas de nuestra vida.

El balón, realmente, está en nuestra cancha. Al igual que a los discípulos en Marcos 3:14-15, hoy nosotros también hemos sido escogidos para ser iglesia.

Reconciliemos en Cristo todas las cosas, y a todos los hombres...

BREVE BIOGRAFIA DEL AUTOR

Elvin Heredia es ministro licenciado de la Iglesia del Nazareno, Distrito Este de Puerto Rico y pastor titular de la Iglesia del Nazareno del pueblo de Gurabo. Posee un Doctorado en Filosofía (PhD.) en Teo-Terapia Familiar y Pastoral Sistémica de ECOTHEOS International University en Puerto Rico, un grado de Maestría en Psicología y Consejería Clínica Cristiana de DOXA International University en Florida, USA, y un Bachillerato en Asesoramiento Familiar de la Escuela Graduada de Terapia y Psicología Pastoral de Puerto Rico.

Es consejero certificado en Teo-Terapia (Nivel III) por la International Reciprocity Board of Therapeutic & Rehabilitation (I.R.B.O.), entidad reconocida por la Federación Mundial de Comunidades Terapéuticas y por la Organización de las Naciones Unidas. Es profesor asociado del Seminario Nazareno de Las Américas (SENDAS) en San José, Costa Rica para la Maestría en Ciencias de la Religión con mención en Orientación de la Familia. Ha dictado conferencias y talleres para matrimonios en Puerto Rico y los Estados Unidos.

Es escritor y autor de los libros *Teolosis: Formación y Crecimiento en Dios*, (ISBN 978-0-9842817-0-1), *La Teolosis y los Refranes Populares*, (ISBN 978-0-9842817-1-8) y *La Teolosis, la Psicología Cristiana y el Dr. Jesucristo*. (ISBN 978-0-9842817-2-5).

El pastor Heredia vive en Puerto Rico con su esposa Carmencita y sus hijas, Jane Marie y Ana Cristina.